二战经典**战役**系列丛书

死守莫斯科

白隼 编著

北方联合出版传媒(集团)股份有限公司
万卷出版公司

© 白隼 2018

图书在版编目（CIP）数据

死守莫斯科 / 白隼编著. — 沈阳：万卷出版公司，
2018.8（2021.1重印）

（二战经典战役系列丛书）

ISBN 978-7-5470-4993-8

Ⅰ.①死… Ⅱ.①白… Ⅲ.①莫斯科保卫战（1941-
1942）- 史料 Ⅳ.①E512.9

中国版本图书馆CIP数据核字（2018）第153510号

出 品 人：王维良
出版发行：北方联合出版传媒（集团）股份有限公司
　　　　　万卷出版公司
　　　　　（地址：沈阳市和平区十一纬路25号　邮编：110003）
印 刷 者：华睿林（天津）印刷有限公司
经 销 者：全国新华书店
幅面尺寸：170mm×240mm
字　　数：200千字
印　　张：14
出版时间：2018年8月第1版
印刷时间：2021年1月第2次印刷
丛书策划：陈亚明　李文天
责任编辑：赵新楠
责任校对：张希茹
装帧设计：亓子奇
ISBN 978-7-5470-4993-8
定　　价：49.80元
联系电话：024-23284090
传　　真：024-23284448

前　言

1931 年 9 月 18 日，日本关东军在沈阳制造了九一八事变，日本帝国主义的魔爪开始伸向有着五千年文明的中华大地，中国最屈辱的历史从此开始。1939 年 9 月 1 日，希特勒独裁下的德国军队闪击波兰，欧洲大地不再太平，欧洲人的血泪史从此开始书写。一年后，德国、意大利、日本三个武装到牙齿的独裁国家结盟，"轴心国"三个字由此成为恐怖、邪恶、嗜血的代名词。

德、意、日三国结盟将侵略战争推向极致。这场战争不仅旷日持久，而且影响深远。人类自有战争以来从未有过如此大规模、大杀伤力、大破坏力的合伙野蛮入侵。"轴心国"的疯狂侵略令全世界震惊。

面对强悍到无以复加的德国战车，面对日本军队疯狂的武士道自杀式攻击，被侵略民族不但没有胆怯，反而挺身而出，为了民族独立，为了世界和平，他们用一腔热血抒写不屈的抵抗，用超人的智慧和钢铁意志毫不犹豫地击碎法西斯野兽的头颅。

战役是孕育名将的土壤，而名将则让这块土壤更加肥沃。这场规模空前的世界大战，在给全世界人民带来无尽灾难的同时，也造就了军事史上几十个伟大的经典战役，而这些经典战役又孕育出永载史册的伟大军事家。如果把战役比作耀眼华贵的桂冠，那么战役中涌现出的名将则是桂冠上夺目的明珠。桂冠因明珠而生辉，明珠因桂冠而增色。

鉴于此，我们编辑出版了这套《二战经典战役系列丛书》。其实，编辑出版这套丛书是我们早已有之的宏愿，从选题论证、搜集资料、确定方向到编撰成稿，历经六个春秋。最终确定下来的这 20 个战役可谓经典中的经典，如历史上规模最大的海战莱特湾大战，历史上规模最大的航母绝杀，历史上规模最大、最惨烈的库尔斯克坦克绞杀战……我们经过精心比对遴选出的这些战役，个个都特色鲜明，要么让人热血沸腾，要么让人拍案叫绝，要么让人扼腕叹息，抑或兼而有之。这些战役资料的整理花费了我们相当多的时间和精力，兴奋、激动、彷徨、纠结，一言难尽。个中滋味，唯有当事人晓得。

20 个战役确定下来后就是内容结构的搭建问题。我们反复比对已出版的类似书籍，经过研究论证，最终形成了自己的特色。历史拐点（时间点）往往是爆发点，决定历史的走向，而在这个历史拐点上，世界上其他地方正在发生什么？相信很多人对此都会比较感兴趣。因此，我们摈弃了传统的单纯纪事本末叙述方式，采用以时间轴为主兼顾本末纪事的新颖体例。具体来说，就是在按时间叙事的同时，穿插同一时间点上其他战场在发生什么，尤其是适当地插入中国战场的情况，扩大了读者的视野。

本套丛书共 20 册，每册一个战役，图文并茂，具有叙事的准确性与故事的可读性，并以对话凸显人物性格和战争的激烈与残酷。每册包含几十幅精美图片，并配有极具个性的图说，以图点文，以文释图，图文相得益彰。另外，本套丛书还加入了大量的原始资料（文件、命令、讲话），并使其自然融入相关内容。这样，在可读性的基础上，这套丛书又具备了一定的史料价值，历史真实感呼之欲出，让读者朋友不由自主地产生一种穿越的幻觉。

本套丛书的宗旨是让读者朋友在轻松阅读的同时，对第二次世界大战有一个整体的认知，力求用相关人物的命令、信件、讲话帮助读者触摸真实的历史、真实的战场，真切感受浓浓的硝烟、扑鼻的血腥和二战灵魂人物举手投足间摄人心魄的魅力。

品读战役，也是在品读英雄、品读人生，更是在品读历史。战役有血雨腥风，但也呼唤人道。真正的名将是为阻止战争而战的，他们虽手持利剑，心中呼唤的却是和平。相信读者朋友在读过本套丛书后，能够对战争和名将有一个不一样的认识。

最后，谨以此书献给那些为和平、为幸福奋斗不息的人们！

目　录

第一章

毁灭莫斯科的"台风"计划

　　与柏林极度陶醉的气氛形成鲜明的对比，莫斯科的氛围越来越紧张。克里姆林宫被低矮的云层包围，显得越发凝重巍峨。斯大林站在高高的拱形窗前，浓浓的眉毛拧作一团，细长的眼睑微闭着。

◎ 要把莫斯科夷为平地

　　1941 年 6 月 22 日凌晨，希特勒的钢铁巨兽分北方、中央、南方三路在近 3000 公里的战线上，以迅雷不及掩耳之势突入苏联境内。他扬言在几周内消灭几百万苏联红军，击垮这个世界上疆域最大的国家，并将其纳入德意志帝国的版图。短短一个星期后，德军就占领了白俄罗斯首府明斯克。希特勒的中央集团军群在该地消灭了苏军 20 个师，俘虏 29 万人，缴获 25000 辆坦克和 1400 门大炮。一个被俘的苏联高级军官证实，德维纳和第聂伯河以东已经没有可以组织有效抵抗的红军部队了。

　　7 月 2 日，希特勒收到两份情报：一份是土耳其外交部呈给本国政府的报告，该报告引述了苏联最高领导人斯大林和副国防人民委员铁木辛哥元帅秘密向外国外交官透露的消息，他们承认已经把列宁格勒、明斯克、基辅甚至莫斯科从防御地图上划掉，当然他们这样考虑只是一种预测；另一份是美国驻莫斯科大使馆给本国政府的，有关苏联士气的报告，报告中描述了那里糟糕的空袭预警，并且忧心忡忡地记载了食品情况和苏联人民已经把储存的金银细软转移到安全地方。

希特勒

7月3日，德国陆军总参谋长哈尔德在日记中大肆吹嘘："我认为苏联战役在两周之内会打赢，这不是夸张。当然这不是说战役已经结束了。"德国最高统帅部秘书赫尔穆特·格雷纳在一封信中透露："我们占领了德温斯克和明斯克，这样我军仅用一周时间就完成了去列宁格勒和莫斯科的三分之一的路程。按照这个速度，再有14天我们就能进入这两个城市。不过，可能比我们想象的还要快。"

战局的发展如希特勒当初所料，他凝视着墙上的巨幅地图，像是在向工作人员，也像是在向全世界宣称："几周后，我们将进入莫斯科，我要把它夷为平地，在那里修建一座水库。莫斯科，这个名字将会从地球上永远消失！"

德国外交部长里宾特洛甫模仿希特勒的语气向高级外交官发表讲话："6

至 8 周后，苏联战场将再无战事，至于跟英国的战争，可能再继续 6 个月。"大约在同一时刻，希特勒对他的驻苏大使舒伦堡说："到 8 月 15 日，我们将进入莫斯科；到 10 月 1 日，苏联战争将彻底结束。"

7 月 4 日，希特勒和里宾特洛甫共进午餐时，对这位外交部长说："假如没有强迫，人们总想着回去过兔子般的生活，苏联农民干活是不情愿的。这就是他们的口号和做法失败的原因，他们不得不采取集体制——用政委代替地主，其实都是一回事。斯拉夫人不会管理，只能受人管理，这些人需要被奴役。"

7 月 5 日，希特勒在午餐会上向他的官员们冠冕堂皇地解释为什么他没有正式宣战，甚至没有以某个"事件"为借口就突袭了苏联。他说："在历史的法庭上，还不曾询问过一个人的动机，而总是评判事实。大家说说看，谁曾追问，为什么亚历山大侵略了印度？为什么罗马人打了他们的布匿战争？为什么腓特烈二世要进行他的第二次西里西亚战役？历史的法则就是'胜为王，败为寇'。"

希特勒略微停顿了一下，继续发表他的高谈阔论："为了理论上的动机问题而牺牲成千上万的士兵，那就不只是迂腐这么简单了，而是一种犯罪。我将作为布尔什维克主义的消灭者而永垂青史，不用考虑什么边境事件，让结果来做裁决吧。如果我输了，到时我怎么说都不合逻辑。想象当初的挪威，如果我事先宣布了我的意图，我们就很难成功，可是这对德国的命运是极其重要的。相反，假如丘吉尔和雷诺保持沉默的话，我可能也就不会攻打挪威了。"

7 月 8 日，希特勒指示陆军总司令布劳希奇不要再往东方前线派任何新的装甲部队，而且那里的装甲师要缩减，没事做的人员应该被送回德国训练新的装甲师。

陆军总司令布劳希奇和希特勒

7月13日，德国最高统帅部发布命令：除了20个现有的装甲师外，到1942年5月1日陆军要再建立16个装甲师。次日，希特勒决定，苏联投降后，陆军要削减（装甲师除外），海军建设将要受到限制，只要适应与英、美战争的需要即可。不过，空军将大规模扩大，到1942年春天，空军的工厂将以最高的效率工作。希特勒似乎已经构想出一场新世界与旧世界之间的战争，不仅仅只是在他这一代。

7月17日，德军占领直通莫斯科道路上的斯摩棱斯克，至8月6日，肃清了斯摩棱斯克包围圈中的苏军。

8月初，虽然德军北方集团军群已进抵芬兰湾，中央集团军群也占领了斯摩棱斯克，但是南方集团军群却在第聂伯河西岸遭到苏军的顽强阻击，迟迟攻不下基辅。尽管如此，希特勒仍然踌躇满志，欣喜若狂地认为不日将拿下基辅，拿下莫斯科，拿下整个苏联！

1941 年 7 月德军攻占斯摩棱斯克

8 月 18 日，德国陆军总司令布劳希奇和总参谋长哈尔德向希特勒表示支持前线将领提出的集中兵力攻打莫斯科的意见，并向希特勒呈送了一份备忘录，阐明了他们的论点。3 天后，希特勒以备忘录的形势作答，拒绝了他们的意见，并责备布劳希奇，说他没有真正负起领导德国陆军的职责，而是过多地被前线司令官们的意见所左右。

8 月 23 日，古德里安被召到中央集团军群司令部与哈尔德进行磋商。古德里安对他的装备和人员情况是否能在乌克兰东部进行一次战役之后及时赶回斯摩棱斯克地区，并在入冬之前向莫斯科进军表示怀疑，而这也正是哈尔德想要听的。中央集团军群总司令博克元帅的观点也是如此。于是，在这位集团军群总司令的建议下，古德里安与哈尔德乘飞机回腊斯登堡最高统帅部大本营向希特勒面陈上述意见。结果，两人仍然没能说服希特勒，只得同意他的意见。

◎ 既要莫斯科，也要基辅

9月5日，疲惫不堪的德中央集团军群的装甲部队分别开赴南北两个方向，行程超过650公里。希特勒断定列宁格勒战线的目的已经达到，他说，此后列宁格勒只能是一个次要的战区，现在的主要任务是直取莫斯科，他打算在恶劣天气来临之前歼灭苏西方面军。进攻部队要在"今后8~10天内"集结完毕并做好准备。德北方集团军群奉命调出莱因哈特的第三装甲集群和霍普纳的第四装甲集群之一部，及里希特霍芬的第八航空军。古德里安的第二装甲集群和魏克斯的第二集团军要从乌克兰调回，与上述部队共同歼灭保卫莫斯科的苏西方面军。为此，希特勒签发了第35号作战指令。

元首兼国防军最高司令 元首大本营

国防军统帅部／国防军指挥参谋部／国防处（作战组）1941年9月6日

1941年第441492号绝密文件

仅传达到军官

<h2 style="text-align:center">第 35 号指令</h2>

由于我军对列宁格勒地区正在形成包围之势，所以在对南方和中央两个集团军群两翼之间的敌军作战中取得的初期战果为同铁木辛哥集团军群决战打下了基础。一定要在冬季到来之前，给该集团军群以毁灭性的打击。鉴于此，应集中使用侧翼不需要的和能及时调遣的所有陆军和空军部队。

依据陆军总司令的报告，我对此次作战的准备和实施工作命令如下：

一、战线南半部方面，正在越过第聂伯河向北突进的南方集团军群配合中央集团军群的南翼部队发动进攻，以期歼灭克列缅楚格—基辅—科诺托普三角地区之敌。另外，可为此次作战行动重新部署第二和第六集团军和第三装甲集群的、可供机动使用的部队。

南方集团军群得到步兵师加强的快速部队最迟于 9 月 10 日即可得到第四航空队的大力支援。该快速部队应从第十七集团军占领的桥头堡出发，经卢布内向西北方向发动出其不意的猛攻。第十七集团军应向波尔塔瓦、哈尔科夫方向推进。

在第四航空队的大力支援下，从第聂伯河下游继续向克里木半岛发动进攻。倘若拥有可供使用的兵力，也可以从第聂伯罗彼得罗夫斯克桥头堡出发实施进攻。快速部队在第聂伯河下游南面向梅利托波尔推进，将有助于第十一集团军顺利完成任务。

二、中央集团军群要做好同铁木辛哥集团军群作战的准备，以便尽早（9 月底）发动进攻，在维亚济马总方向上达成双重包围，彻底歼灭斯摩棱斯克以东的敌军。

鉴于此，务必以快速部队组成突击集团：在两翼，突击集团由中央集团军群可以动用的部队和为此而抽调来的第五和第二装甲师组成；第九集团军地域内，突击集团应从北方集团军群抽调尽可能多的部队。

只有在兵力集中、包围严密的歼灭战中消灭了铁木辛哥集团军群的主力，中央集团军群才能向莫斯科方向发起追击。

空军以从东北地区及时得到加强的第二航空队为两翼的进攻实施增援，所以空军把俯冲轰炸机部队（第八航空军）的主力调往两个进攻侧翼的快速部队。

三、东北战线应与向卡累利阿地峡进攻的芬兰诸军建立联系，包围正在列宁格勒地区作战的敌军，占领该地区后，还要包围施吕塞尔堡地区之敌，以便最晚于 9 月 15 日将快速部队和第一航空队的主力部队腾出来用于中央集团军群方向。然而，在此之前应努力至少在东面更严密地封锁列宁格勒。如果天气情况允许的话，即可派空军对列宁格勒发动大规模空袭，尤其是炸毁自来水厂。

为了使芬兰军队易于突破苏联—芬兰旧边界沿线的工事，为了大大缩小作战地区，为了摧毁敌空军基地，北方集团军群一定要尽快渡过涅瓦河地段向北发动突击。

在芬兰军队的配合下，以水雷障碍和炮兵火力封锁喀琅施塔得湾，以阻止敌军向波罗的海逃窜。

要是能及时得到增援，则应向东前出到沃尔霍夫河下游，这样做是为了掩护列宁格勒战场。只有在确保歼灭列宁格勒附近之敌的情况下，才可向斯维里河推进，与卡累利阿集团军会合。

四、接下来的作战计划

以一个从南方集团军群战区出发，向东北总方向推进的侧翼梯队来掩护中央集团军群向莫斯科方向的进攻。

北方集团军群的兵力继续向前推进，以掩护北翼，并与伊尔门湖两侧的芬兰卡累利阿集团军建立联系。

五、预定期限的缩短和因此造成的行动开始日期的提前，应有利于整个作战行动及其准备工作。

（签字）阿道夫·希特勒

随着德军向苏联纵深的推进，希特勒同他的陆军将领们在作战方向上的分歧越来越大。陆军总司令布劳希奇、陆军总参谋长哈尔德、中央集团军群司令博克以及第二装甲集群司令古德里安均主张集中优势兵力攻打莫斯科，最好在入冬之前将其占领。

希特勒自有他的一套想法，他对这些高级将领大谈战争经济学，乌克兰的粮食、顿涅茨的煤矿和高加索的石油对德苏双方至关重要，谁占领了这些地方，谁就掌握了整个战争的主导权。因此，希特勒主张加强南方兵力，攻下基辅，占领富饶的克里米亚地区。

哈尔德不敢顶撞希特勒，于是问希特勒的亲信、最高统帅部大本营作战局局长约德尔："元首到底是想军事征服，还是经济开发？"约德尔回答："元首认为两者都是战争的目的，同等重要，不分主次。"

在希特勒的一再坚持下，中央集团军群司令博克元帅速派第二装甲集群和第二集团军南下，驰援南方集团军群。

9月7日和8日，哈尔德在南方集团军群司令部落实联合作战计划的各项细节。这项作战计划的目标是夺取基辅，歼灭基辅—第聂伯—杰斯纳河曲的敌军。南方集团军群和中央集团军群的相关将领参加了会议。

古德里安的第二装甲集群将从斯塔罗杜布继续向南挺进，直扑罗姆内和朴里卢基；中央集团军群魏克斯的第二集团军将从哥美耳向南运动，掩护古德里安的右翼。南方集团军群施蒂尔普纳格尔的第十七集团军的任务是把苏军牵制在切尔卡司以北第聂伯河的下游，并在河对岸的克列缅楚格附近占领一个桥头堡。克莱斯特的第一装甲集群从这个桥头堡向北推进，与古德里安的先头部队在罗姆内和洛赫维策地区会合。最终，德军装甲部队将把他们西面的苏联的6个集团军分割在大河曲一带。与此同时，赖歇瑙的第六集团军向东移动，渡过第聂伯河和迭斯纳河，进入基辅，开始歼灭被围之苏军。

面对基辅方面苏军的顽强抵抗，希特勒于9月18日发布了一道严格的命令："列宁格勒和莫斯科方面的苏军即便提出投降，也不予接受。"

9月18日德军对重镇基辅形成合围

9 月 19 日，德军经过艰苦的战斗，占领了基辅。26 日，基辅大会战以德军的胜利宣告结束。德国公布的材料说，德军俘虏苏联官兵 66.5 万人，而苏联 1989 年出版的著作中指出，在基辅会战中，苏联官兵被俘 45 万多人。

苏德战争初期，苏军连连失利，成千上万的官兵被俘，其中也包括斯大林的长子雅科夫·朱加施维里。德军抓到雅科夫后，想利用他的身份大肆宣传，以瓦解苏军的斗志。他们故意让雅科夫和两名德国军官谈话，然后拍成照片，印成传单，广为散发。传单上写着这样的文字：

这是雅科夫·朱加施维里，苏联最高统帅斯大林的儿子，第十四装甲师第十四榴弹炮团连长，7 月 16 日在维帖布斯克附近与几千名官兵同时被俘。铁木辛哥和你们的政委遵照斯大林的命令教导你们说，布尔什维克决不投降当俘虏，结果是红军战士从来没有停止投奔我军的步伐。

为了恐吓你们，政委向你们撒谎，说我军虐待俘虏。斯大林的亲生儿子用自己的经历证明，这是谎言。雅科夫投降当了俘虏，因为从今以后对我军的任何抵抗都将是无益的……

这份传单由苏军西北方面军军事委员会委员日丹诺夫转给斯大林，时间是 8 月中旬，也就是雅科夫被俘后一个月左右。在雅科夫被俘期间，苏军在斯大林格勒保卫战中俘虏了德第六集团军司令保卢斯元帅，德国方面通过国际红十字会与苏联交涉，想用斯大林的儿子雅科夫与保卢斯进行交换。

德国人以为事情没有什么悬念，可是斯大林为了安抚伤亡惨重的苏联红军官兵，稳定国内形势，毅然予以拒绝："我不会用一个敌军元帅去交换一个士兵的。"这个时候，正是苏军最艰难的时候，斯大林自然不会为了自己的儿子而失去军心的。

基辅战役还没结束，希特勒便开始考虑进攻莫斯科的行动，并命令中央集团军群做好准备，随时听候召唤。

◎ "台风"袭向莫斯科

9月21日，希特勒在位于腊斯登堡的最高统帅部大本营里举行午餐会。盛有冰块的银质小桶里放满了法国香槟酒，侍者们把夹有鱼子酱、火腿和鲜鱼的面包分放到盘中……酒杯里斟满烈性酒：白兰地、罗姆酒、威士忌、杜松子酒和甜酒，混酒器里是光彩夺目、五颜六色的鸡尾酒。希特勒满面红光，说话的声音似乎也比平时温柔了许多。他向大家宣布了一个惊喜的消息："我们的勇士们已经顺利攻占了基辅！"

随后，希特勒在餐桌旁发表了著名的"室内演说"："6月22日拂晓，世界上最大的一次战役开始了。一切按计划进行，在北线围困了列宁格勒，在南线占领了基辅，在中央攻占了斯摩棱斯克，通往莫斯科的门户已经被我们打开。敌人已被打倒，再也爬不起来了！"

"万岁！万岁！"希特勒的话还没说完，席间便爆发出阵阵疯狂的欢呼声。

接着，希特勒向他的听众列举了一连串引以为豪的数字：俘获苏军 250 万，击毁或缴获大炮 2.2 万门、坦克 1.8 万辆，击落苏军飞机 1.45 万架。

希特勒的情绪越来越高涨："将军们，先生们！生活就是斗争，战争就是进行一场自然淘汰，发育不全的劣等民族应该在地球上消失！只有我们德意志民族，才有权利获得生存空间。我们最终将享受到世界宴席上的一切美妙食品！"

说到这里，希特勒突然猛拍桌子，激动地说："我已经决定，下一个目标就是占领敌军的首都莫斯科，这座城市将在冬季到来之前被从地球上抹掉！"

说完，希特勒双手夸张地一挥。在座的帝国军官们全体起立，向元首行举手礼后，端起了酒杯。

希特勒发动侵苏战争的既定战略目标是从北、中、南三路发起攻势，占领列宁格勒、莫斯科和基辅。在北方集团军群对列宁格勒久攻不下的情况下，他决定实施"中路突破"，即把可以调动的部队全部用在莫斯科方向，以便快速占领莫斯科并围歼其附近的苏军。

希特勒除了和他的陆军将领们在主攻方向上看法不同外，在其他方面也与前线军官们意见相左。德军尽管在大规模包围战中缴获了无数战利品，但并不像希特勒和他的参谋们想象的那样令人满意。古德里安等人提出，战利品无法满足德军的需求。希特勒希望包围战术能在更小的规模上进行，这样便能减少德军的损失。古德里安等人则认为希特勒的这种看法很可笑，那种保守战术容易形成消耗战，反而损失更大。

两个月来，德中央集团军群在斯摩棱斯克东面的杰斯纳河一带一直按兵不动。秋雨季节马上就要来了，到时候苏联的道路将变得泥泞不堪，很不利于德军的进攻。随之而来的将会是漫长的冰雪严寒。更重要的是，苏联正在加紧向莫斯科地区调兵，苏军打算凭借严寒的冬季重创德军。德军尽管在战争初期势如破竹，处于战略进攻的绝对有利地位，但是，随着战场的不断扩大，战线不断拉长，德军占领的地区越大，困难就越大。

9月，在陆军总司令布劳希奇等人及德军前线军官们的再三要求下，希特勒同意继续向莫斯科推进。对于德军来说，当前的问题是，在冬季来临以前，德军是否有足够的时间占领莫斯科。

9月30日，希特勒签署了进攻莫斯科的军事行动计划，其代号为"台风"。"台风"是一个气象学名词，是指在东南亚和太平洋西部因洋流形成的一种具有极大破坏力的热带气旋。台风往往会掀起滔天巨浪，一旦登陆会对沿岸城市造成巨大的破坏，甚至毁坏整座城市，吞噬成千上万人的生命。由此可见，希特勒和他的军官们之所以把进攻莫斯科的行动命名为"台风"行动，正是把1941年的最后一场战役想象成能够消灭苏军任何抵抗的飓风。

按照希特勒的命令，"台风"行动由博克元帅的中央集团军群执行，其集中了74个师、148万人、1700多辆坦克和强击火炮、1390架飞机、14000多门大炮和迫击炮。

在德军向莫斯科发动进攻之前，莫斯科的一切活动已经与战争紧紧联系在一起。在苏共中央各部的办公室里，在莫斯科市委和州委办公室里，在莫斯科的各个街头，到处弥漫着浓浓的战争气息。

莫斯科，苏联首都，也是苏联的政治、经济、文化、交通中心，位于东欧平原的中部，莫斯科河两岸，同伏尔加河有运河连接，战略地位极为重要。1147年，莫斯科首次见于史册。它最初只是一个小村庄，1156年，开始修筑城堡。1237—1238 年遭蒙古鞑靼人破坏。1480 年，莫斯科人摆脱了蒙古鞑靼人的控制。从 13 世纪下半叶开始，成为独立的莫斯科公国的中心。14 世纪中叶，莫斯科公国扩大为莫斯科大公国。1547 年，伊凡取得了沙皇的称号，从那时起，一直到 1711 年，莫斯科成为不断向外扩张的沙俄首都。1711 年，彼得一世将首都迁往圣彼得堡（苏联时期改名"列宁格勒"），此后的莫斯科依然是重要的城市，历代沙皇每年总有一部分时间在莫斯科度过。1812 年，拿破仑占领莫斯科并纵火焚烧。库图佐夫率领的俄国军队和人民一起打败了拿破仑侵略军，迫使他仓皇撤退。

二战的转折，1941 年德军兵临城下的莫斯科

十月革命后，苏俄政府于 1918 年 3 月 10 日将首都从圣彼得堡迁往莫斯科。此后，莫斯科的建设飞速发展。它不仅是全苏铁路、公路和航空运输的中心，而且在水路运输上，自伏尔加河至顿河的列宁运河建成后，各大河系连接起来，莫斯科成为五海（波罗的海、白海、黑海、亚速海和里海）通航

的港口。在经济方面，莫斯科于十月革命后变成苏联最大的工业城市，它的产值占全苏工业产值的 15%，几乎每种制造业都有，而特别以生产复杂和精密的机器制造业著称。如今，疯狂的德国战车直逼莫斯科，这座历史名城将接受比拿破仑的军队更为残酷的考验。

针对希特勒疯狂的"台风"计划，苏联最高统帅斯大林调兵遣将，准备迎击德军。为保卫首都，抵抗来犯之敌，苏军组建了西方、预备队和布良斯克三个方面军，共 80 万人、770 辆坦克及 9150 门火炮，这还不包括补充部队和后方勤务部队。其中，兵力最多的是西方面军：由 6 个加强集团军和方面军预备队组成，守卫着从谢利格尔湖到叶利尼亚的防线，其任务是阻止德军沿该方向向莫斯科发动袭击。

苏联最高统帅斯大林

预备队方面军辖第三十一、第三十二、第三十三和第四十九集团军，配置在西方面军后面，沿奥斯塔什科夫—谢利日阿罗沃—奥列尼诺—斯帕斯捷门斯克和基洛夫一线进行防御。这4个集团军作为预备队，任务是打退任何突破西方面军防御队形的德军，因而构成了苏军防御的第二战役梯队。这个方面军还有两个集团军，即第二十四和第四十三集团军，部署在西方面军防区从叶尔尼亚到弗罗洛夫卡的防线上。

　　布良斯克方面军辖3个集团军和1个战役集群，守卫在杰斯纳河东岸从弗罗洛夫卡到普蒂夫尔的地段，任务是阻止德军向布良斯克—奥廖尔方向突破。

◎ 南面出了什么事

　　10月2日拂晓，德军第九、第四集团军分别与第三、第四装甲集群在杜霍希纳和罗斯托夫方向发起猛烈攻击，大有横扫一切之势。德军从中路突破了苏军防线，妄图在莫斯科前沿歼灭苏联红军主力，进而一举攻克莫斯科，摧垮苏联武装力量，最终迫使苏联人民屈服。希特勒吹嘘："3个半月终于形成了各种前提条件，以便用一次威力巨大的打击在入冬之前消灭敌军。现在一切准备都已就绪……本年度最后一次决战今天开始。"

　　德军对驻守在亚尔采沃郊区的苏军第十六集团军阵地实施了猛烈炮击。在这里，德军遇到了苏军的顽强抵抗。苏第十六集团军实施了预先计划好的炮火反击。当德军步兵和装甲兵发起冲击时，第十六集团军所有炮兵，包括1个"喀秋莎"火箭炮团的强大的炮火倾泻到了德军头上，步兵则用步枪和机枪阻击德军。在第十六集团军的强悍抵抗下，德军的钢铁战车再难前进一步。

10月3日，德军对苏第十六集团军阵地发动了又一次猛烈的炮击，但是没能发起进攻。战争似乎在这里骤然停了下来。傍晚时分，苏第十六集团军司令部里响起了急促的电话铃声。

"是罗科索夫斯基将军吗？我是卢金，德国人正在向我部右翼压过来。我们同第三十集团军的联络中断……"第十九集军司令员卢金在电话里急切地喊着。

"卢金同志，我能为你做什么？"罗科索夫斯基问。

"请你务必调一两个师过来！"

"我们马上商量一下，尽快给你答复。"

几分钟后，罗科索夫斯基拿起电话："我们支援你2个步兵师、1个坦克旅和1个炮兵团，这是我们可以支援的最大兵力了。"

"太好了，谢谢老伙计！"卢金没想到罗科索夫斯基答应得如此之快，更没想到第十六集团军能派出这么多兵力。

罗科索夫斯基从卢金急切的语气里，预感到其右邻第十九集团军所在的区域出现了问题。的确，第十九集团军的处境非常艰难。德军12个满员师突击在45公里的地段上，压在了第十九集团军右翼两个人数不多的师和友邻第三十集团军的两个师身上。德军占有巨大优势，兵力为苏军的五六倍，坦克为10倍，大炮和飞机为9～10倍。德军以如此强大的优势兵力很快便在第三十集团军和第十九集团军的接合部撕开了一个3～40公里的缺口。随后，德军各快速兵团由这个缺口从东北迂回，急速冲向维亚济马。

在南面的罗斯拉夫尔—尤赫诺夫方向，情况也是非常紧急：苏军预备队方面军的第四十三集团军没能阻止具有强大优势的德中央集群第四集团军和第四坦克集群的猛烈冲击。德军从东南迂回突破苏军防御阵地，快速向维亚济马推进。这样，苏军几个集团军将面临被合围的危险。然而，罗科索夫斯基并不知道这一切，因为在第十六集团军正面及其左邻的第二十集团军没有什么异常。

这一天，希特勒刚从前线返回柏林，便登上了柏林体育场的演讲台，向德国民众做了一次激情演讲。希特勒身穿墨绿色军服，袖子上佩带着镶有彩色花边的黑红袖章，胸前戴着铁十字勋章。

"10月2日早晨，"希特勒的声音通过广播传遍了德意志帝国全境，"今年最后、最大的一场战役即将开始，一切按计划顺利进行中。"

这时，聚集在体育场的听众爆发出疯狂的呼喊。接着，希特勒意味深长地说："此时，在我们的东方战场上又发生了一个巨大的事件。一个大规模的战役已经进行了48个小时！这一战役将彻底消灭东方的敌人。"

又是一阵狂热的叫喊，希特勒猛地甩了一下头，以加强语气："今天，我宣布，我毫无保留地宣布，东方的敌人已经被我们的勇士们打垮，再也站不起来了……在我们部队的后边，已经有了相当于我在1933年执政时两倍的土地。"

"万岁——希特勒！"希特勒的崇拜者们高喊着，欣喜若狂。在他们看来，几个世纪以来的梦想正在变为现实，东方很快将出现一个新的帝国。

"台风"行动开始实施后，希特勒为前线部队的胜利兴奋得不能自已。在大本营"狼穴"餐室里，听到秘书、副官们议论战局，他也兴致勃勃地加入进来，并冷嘲热讽地说："就算英国提供一周生产的坦克也救不了苏联人的命，苏军一天损失的坦克比英国一周的产量还大。苏联的唯一希望是，英国迫使我们把坦克和飞机从东线撤回来，那么英国只有进攻大陆这一招了。然而，丘吉尔已经回绝了斯大林的要求。"

希特勒还不忘拿英国人开涮："不过，这期间，大家都知道，丘吉尔发表了近10次演说。如果比较一下双方的行动和成就，那么我觉得像我这样让历史做出评价不是更心安理得吗？"和希特勒同桌共餐的人无不开怀大笑。

10月5日下午，苏第十六集团军司令员罗科索夫斯基意外地收到来自西方面军司令员铁木辛哥的命令，命令他把部队移交给第二十集团军司令员叶尔沙科夫，让他带领司令部迅速赶往维亚济马地区，组织对德军的反突击。这个命令让罗科索夫斯基感到忧心忡忡。"与卢金联系不上。显然，卢金那里的情况非常糟糕。南面出了什么事，为什么在南面组织反突击？"这个问题一直在罗科索夫斯基脑海里盘旋不去。

深夜，第二十集团军司令员叶尔沙科夫和政委谢苗诺夫斯基同一批司令部工作人员来接收部队。次日凌晨，罗科索夫斯基率领第十六集团军司令部人员乘车上路，奔赴维亚济马。

用无线电同方面军司令部取得联系的目的始终没有达成，一路上罗科索夫斯基沉默不语，他想不通究竟发生了什么事。

在罗科索夫斯基率领司令部人员赶往新的目的地的同时，德国的装甲部队正从南北两面夹击维亚济马。维亚济马以西和西南的森林里，德军合围了苏第十六、第十九、第二十、第二十四和第三十二集团军。

古德里安的第二装甲集群在南面的布良斯克进展神速。从9月30日进攻开始，这位德国"装甲兵之父"率部不到3天便占领了布良斯克战线后面200公里的奥廖尔，切断了布良斯克—奥廖尔公路，一举占领卡拉切夫，进而向布良斯克迂回包抄。随后，实施包围的德军第三、第四装甲集群先头部队在维亚济马以东会师，封闭了包围圈。

古德里安的第二装甲集群（笔者注：10 月 6 日改称第二装甲集团军）在夺取奥廖尔后，沿公路向莫斯科的南部重镇图拉疾进。这对在大本营"狼穴"等候好消息的希特勒来说，无疑是个激动人心的时刻。

10 月 6 日，德军攻占了布良斯克。古德里安的第二装甲集团军同从西面进攻的第二集团军会合，合围了苏第三、第十三集团军。

◎ 疯狂到无以复加

10月7日，希特勒顾不上吃饭，立即以最高统帅的名义签署了一项命令："中央集团军群总司令博克元帅不能接受莫斯科投降，主动投降也不予接受。部队也不要进入莫斯科，只对其实施包围，用炮击和轰炸予以毁灭。"

希特勒认为在冬季来临前仅占领苏联首都远远不够，要求北方集团军群同时占领列宁格勒，在北面与芬兰军队会师，继续向前推进，切断摩尔曼斯克铁路。他还要求南方集团军群同时清扫黑海沿岸，拿下罗斯托夫，夺取迈高普油田，向伏尔加河岸的斯大林格勒进军，以切断斯大林与高加索地区的联系。南方集团军群总司令龙德施泰特向希特勒解释，这样做意味着要越过第聂伯河做560公里的长途奔袭，部队的左翼将完全暴露给敌人。希特勒对他说，南线苏军现在已经组织不起有效的抵抗了。龙德施泰特对于希特勒可笑的命令只能仰天长叹，不久后前线的态势果然与希特勒的估计完全相反。

为迎合希特勒不切实际的野心，纳粹德国《人民观察家报》迫不及待地公布了一幅莫斯科州大地图，声言德意志第三帝国每一个忠实的臣民现在可以每天早晨用铅笔亲手标出，到莫斯科还剩下多少公里。

10月8日，德军攻占了莫斯科南面的重镇奥廖尔，希特勒派他的新闻发布官奥托·狄特里希乘飞机回到柏林。次日，狄特里希对世界各大报纸的新闻记者说，由守卫莫斯科的铁木辛哥元帅率领的苏联最后一支完整的部队，已被德军围困在莫斯科城下设下的两个钢铁包围圈中；布琼尼元帅的南方部队已经溃散；伏罗希洛夫元帅的六七十个师已被包围在列宁格勒。他最后得意扬扬地说："如此看来，苏联已经完蛋了，英国人期待两线作战的美梦也已破灭。"

10月13日，德军向被合围在维亚济马附近的苏联两个方面军的主力部队发起最后攻势，战斗很快结束。次日，德军在布良斯克南北合围了苏军，战斗于23日结束。部分苏军突出包围圈，其中有些人回到原来的部队，有些则留在后方参加了游击队，被俘的人不计其数。据德国公布的材料显示，在维亚济马和布良斯克两个战役中，俘虏苏军66.3万人，包括3位集团军司令，并摧毁了苏军大量坦克和火炮。

德军挟两个战役之威，气势汹汹地向莫斯科方向挺进。

这一天，希特勒和他的外交部长里宾特洛甫首次讨论了纳粹德国对统一后的欧洲的基本设想。用餐时，希特勒透露说，他考虑把丹麦、挪威、荷兰、比利时、瑞典和芬兰的经济专家召集在一起，向他们讲清楚苏联是他们安置多余人口的所在地，而且是他们所需全部原料的来源。希特勒越说越兴奋，开始手舞足蹈起来："我认为，他们打着白旗跑到我们阵营里来的可能性也不是没有。"

同一天，希特勒还向他的经济部长瓦尔特·丰克畅谈了他的经济构想："修几条运河，把和黑海、第聂伯河相连的多瑙河、莱茵河和奥得河连起来，所有的欧洲人都可以参加到这项工程中来。"显然，希特勒指的是对苏联殖民地的开发，人人可以以一种形式或另一种形式参与欧洲经济。他还说："欧洲政治中心随着新的经济组织诞生也会发生变动，英国只会变成一个大荷兰。看来，欧洲大陆要恢复生机了。"

10月17日，希特勒与他的私人医生托特和劳动力专员沙克尔一起进餐。希特勒对两个亲信说他要像美国人当年开拓西方殖民地那样开发东方。他滔滔不绝地说："必须把原计划扩充一下。为了扩大工程，在其后的20年内，我将动用这300万俘虏。干线必须穿过最优美的风景区，在大河穿过的地方，一定要兴建几个德国城市，作为德国武装部队、警察、政府和党的领导机关所在地。沿公路要建设德国农庄，用不了多久，单调的草原将会完全改观。10年后，那里会有400万德国人定居，20年后至少会有1000万。居民不仅来自帝国，更主要的来自美洲，还有来自斯堪的纳维亚、荷兰以及弗兰德斯的。欧洲其他地区在开发苏联荒原方面也会发挥应有的作用。即便有的苏联城市战后尚存，德国人也绝不在那儿落脚。当然，列宁格勒和莫斯科自然不会存在了，让这些城市在远离公路的地方继续过愚昧的生活吧！我必须把苏联'这块大蛋糕'分得使德国能够支配它、统治它并适当地剥削它。"

说到这里，希特勒话锋一转："我既不打算为当地人兴办教育，也不打算为他们谋取福利。这些人只需要会写自己的名字，会识别公路上的路标就足够了。我还要让乌克兰人明白，一个月不用洗两次澡，只洗一次就行，这就是他们的'自由'。作为元首，经过冷静考虑后，我要在那儿建立新政权，斯拉夫人的想法不会使我有丝毫动摇。今天吃德国面包的人，对于易北河东边的粮仓在 12 世纪是用武力收复的事实，绝不会有什么情绪。在东线战场，我们正在重复美国人征服美洲的行动。由于气候的原因，我们不能冒险越过克里米亚向南推进。"

德国最高统帅部作战局局长约德尔被希特勒描绘的光辉前景陶醉了，他喋喋不休地说："毫不夸张地说，我们已经赢得了战争，完全赢得了战争！"

后来，海军元帅约雷尔在一次谈话中说，"这种戏剧性的军事态势刺激了希特勒的心，那天他连饭都没吃，尽管还有主宾希姆莱在场，那天是希姆莱 41 岁生日。从驻莫斯科外交人员的密码电报中监听到的消息也给人一种遐想：战争结束的日子不远了。

"土耳其大使说，苏联的伤亡数以万计。苏联政府已安排外国使馆和政府机关撤离莫斯科，前往古比雪夫。城里人心动荡和混乱不堪，不少百姓已逃向乌拉尔山……"

德国陆军军需总监爱德华·瓦格纳更是大言不惭地叫嚣："现在我们的大军如潮水般滚滚向前，直扑莫斯科。苏联最后垮台就在眼前，今晚克里姆林宫里的人就要卷起行李走人了。现在重要的是装甲兵攻占各自的目标。战略目标就要确定下来啦，那会使你目瞪口呆的——莫斯科东边！我想，到那时战争就会结束，敌人的整个制度也许随之垮台，这样我们就可以同英国作战了。我总是对元首的军事判断力惊叹不已。这次又是他进行了干预，而且人人都承认，他的干预在军事行动中起了决定性作用。迄今为止，他没有一次判断失误，南方的重大胜利应归功于他一个人！"

与柏林极度陶醉的气氛形成鲜明的对比，莫斯科的氛围越来越紧张。克里姆林宫被低矮的云层包围，显得越发凝重巍峨。斯大林站在高高的拱形窗前，浓浓的眉毛拧作一团，细长的眼睑微闭着。

莫斯科的形势严峻到无以复加的程度。德军的装甲兵团和机械化兵团将莫斯科附近的苏军重重包围，德军飞机不时在莫斯科上空轰炸。隆隆的爆炸声时不时传入耳际，德军的大炮很快就要打到克里姆林宫了。斯大林心急如焚："怎么才能摆脱困境，谁来扭转战局呢？"

斯大林陷入深思。

而此刻，希特勒的战车裹挟着黄沙隆隆驶来，一场猛烈异常的"台风"正向莫斯科刮来，克里姆林宫雄伟的建筑能抵挡住如此强劲的风势吗？

第二章

莫斯科不相信眼泪

尽管德军的轰炸机在天空呼啸，炮击和轰炸的喧嚣声此起彼伏，但是数万名莫斯科人和郊区居民在修筑着防御工事，他们在跟时间赛跑。从凌晨到深夜，莫斯科人异常忙碌，困了便分散在郊区的村庄里休息，有时索性就住在工棚里……

◎ 为祖国随时献身

　　强大的德军于 6 月 22 日对苏联发动了突然袭击，苏军措手不及，遭受巨大损失。在仓皇后撤时，苏军的一些精锐部队屡屡陷入包围，并被歼灭。前线的捷报如雪片般飞向希特勒的最高统帅部大本营，一连串的巨大胜利令希特勒本来发热的大脑，越发滚烫起来。他眼中的苏联是不堪一击的，斯大林及其将领是一群无能之辈。

　　希特勒显然低估了斯大林和苏联人民的决心，更低估了神秘的苏联所蕴藏的巨大能量。战场的实际情况是，从 7 月起，苏军已经开始进行德军从来没有遇到过的抵抗。在德国陆军参谋总长哈尔德的日记中，在有"德国装甲教父"之称的第二装甲集群司令古德里安以及像他那样的前线指挥官的报告中，开始频繁地记载苏联红军的殊死抵抗与反攻，以及除苏军以外德军也遭到惨重损失的情况。

　　第四集团军参谋长布鲁门特里特在战后写道："即使在（笔者注：明斯克

战役）第一次战役中，苏联军队的表现也与波兰军队和西方盟军失败时迥然不同。苏联军队即便深陷重围，仍然坚守阵地，顽强战斗。"

苏军人数之多、武器装备之好，是希特勒做梦也想不到的。苏军的新编师源源不断地投入战场，德国的情报机构事前对此竟毫无察觉。哈尔德在8月11日的日记中写道："现在越发清楚，我们不仅低估了苏联的经济力量和运输力量，最重要的是低估了他们的军事力量。我们最初估算他们大约有200个师，现在已经查明番号的就有360个。十几个师被消灭，马上就又投入十几个师。我军战线由于分布太广，显得过于单薄。我们的战线没有纵深，结果是敌人在连续进攻后，常常得逞。"

龙德施泰特在战后向盟军提审人员直率地供认："在发动进攻后不久，我便发现以前所写的关于苏联的一切都是胡说八道。"古德里安、布鲁门特里特和狄特里希等人在他们的报告中，都对初次碰到苏军的T-34型坦克表示惊讶不已，他们对T-34型坦克事前毫无所闻。这种坦克装甲很厚，德国的反坦克炮弹打上去又被弹了回来，坦克则毫无损伤。

布鲁门特里特后来说，这种装甲车的出现，标志着后来"坦克恐怖"的开始。战争开始以来，德国人在以空军保护地面部队和进行战前侦察方面一直占有压倒性的优势，现在却第一次失去了这种优势。苏联的战斗机，尽管在战争爆发的第一天在机场上遭到轰炸，在战争初期的战斗中也受到重大损失，但是和那些新的师团一样，仍然不断涌现，都不知道是从哪儿来的。另外，德军进军太过迅速，加上苏联没有适宜的机场，德国空军基地距离太远，无法有效地掩护前线作战。第一装甲集群司令克莱斯特在报告说："有好几次挺进时，我的装甲部队由于没有飞机的掩护遇到很大麻烦。"

战争初期，德国人对苏联有一个估计上的错误，其实不只是德国人，绝大多数西方人士也有同样的错误估计。克莱斯特说："我们把胜利的希望寄托在入侵必然导致苏联发生政治混乱这种设想上……我们把过高的希望放在这样的信念上：斯大林一旦遭遇重大失败，必然被国内人民推翻，这种想法是元首的政治顾问们提出的。"希特勒确实对他的高参约德尔说过："只要在门上踢一脚，整个破房子就会倒下来。"

　　苏联的指挥机构并没有像希特勒想的那么脆弱，在德军疯狂的进攻面前，苏联最高统帅部仍然在正常运转，并且随着战争的进程在不断调整，其效率越来越高。

　　6月22日，战争爆发当天，苏联军事委员会即改组了西部各军区。波罗的海特别军区改组为西北方面军，西部特别军区改组为西方面军，基辅特别军区改组为西南方面军，敖德萨军区改组为第九集团军。

　　中午12时整，苏联外交人民委员莫洛托夫通过广播发表了关于德国背信弃义入侵苏联的演讲。他略显沙哑的嗓音飘荡在莫斯科红场及街头。

　　今天，就在今天，凌晨4时，法西斯德国的军队不宣而战对我国的边防线发动了突然袭击。德国人从许多地方侵入了我们国境，还派出飞机轰炸了我们的城市，我们伟大的人民已经不是第一次面对凶残的敌人了。我们的英勇的人民用卫国战争回敬了拿破仑的进攻并将其击败。如今，我们又要面对凶残的法西斯分子的野蛮入侵。我们英勇的红军和全体人民一定要把保卫祖国、保卫幸福、保卫自由的卫国战争进行到底。我们的事业是正义的，敌人必败，胜利一定属于我们！

莫洛托夫的广播演说震惊了莫斯科市民，他们万万没有想到 300 万德国军队如饥饿的狼群正向他们猛扑过来。他们还不知道，大量优秀的红军士兵没来得及拿起枪就被德军的钢铁战车压碎了生命。但是他们知道，自己的生活会发生一些变化，要准备好随时为了祖国而献出生命，或是献出亲人。

同一天，苏联最高苏维埃主席团在全国 12 个州发布了《关于战时状态的命令》，命令决定从 6 月 23 日起在中亚军区、外贝加尔军区和远东军区以外的 14 个军区，对 1905—1918 年出生的具有服兵役义务的人进行动员，还对部分地区进行军管。该命令还具体规定了所有公民的劳动义务，征用大量的运输工具，增加各级政府和企业的工作时间，对公民生活用品进行定量供应。

入侵苏联时，纳粹德国制订了经济掠夺的详细计划。为粉碎德国的阴谋，苏联政府采取了强制措施，转移了西部地区的居民和财富。此次转移规模庞大，时间紧，任务重。

6 月 23 日，根据苏共中央政治局的决议，苏联成立以国防委员铁木辛哥为主席，斯大林、朱可夫、莫洛托夫、布琼尼、伏罗希洛夫和库兹涅佐夫参与的苏联统帅部，指挥全国的军队，总参谋部和国防委员部为其办事机构。

同日，苏联实行弹药总动员计划，苏联扩大了飞机和坦克的生产规模。苏联政府要求各有关企业和工厂根据所承担的动员任务，制订新的生产工艺流程和大量制造弹药所需的工具及其配件，尽快补充生产弹药所需的原材料和半成品。为保证弹药计划的实现，苏共中央派出中央委员会工作人员或者指令各军区、州党委书记直接负责该计划。

与此同时，苏共中央机关报《真理报》发表社论《苏联人民的伟大卫国战争》，该社论论述了苏联正面临着严重的危机，呼吁苏联人民都要承担起反抗德军的重任。苏联政府把《苏联人民的伟大卫国战争》印成100万本小册子，作为重要文件散发各地。

6月24日，苏军列宁格勒军区改组为北方面军。另外，还组建了南方面军，驻扎在普昏特河一带。苏联统帅部在指挥苏军抗战方面起到了一定作用，但铁木辛哥没有决策权，任何事情必须征求斯大林的意见才能决定，因此经常贻误战机，给前线部队作战带来了许多损失。

同日，苏共中央、苏联人民委员会作出决定，成立苏联新闻局，负责报道苏军在战场上的战斗情况。苏联新闻局刊登苏军战报，并为外国报纸、电台提供新闻材料等。苏共中央政治局成立国家疏散委员会，主要负责工厂企业的搬迁和调拨运输车辆等任务，还在相关部门、主管部门和地方政府机关中成立疏散委员会或者办事处。疏散委员会的成立，使苏联有力地领导了西部地区的企业、人员、物资和设备的转移工作。

为进一步加强对军队的宣传和对纳粹德国及其附属国的反宣传，6月25日，苏共中央政治局成立了军事政治宣传局。

6月27日，苏共中央和苏联人民委员会联合下发《关于人员和贵重物资转移与安置办法的决定》。决定强调在转移工厂和企业时，必须优先转移生产军工产品和冶金、化工产品的工厂和企业。

同一天，苏共中央政治局通过《关于选派共产党员加强部队中党的政治影响的决议》和《关于吸收战功卓著的军人入党以保障军队党组织不断扩大的决议》。在战争开始的半年里，苏共中央给作战部队输送了6万名优秀共产党员和 4 万名优秀共青团员，其中党的领导干部 8800 名，几乎有一半委员担任军事工作。苏联陆海军中的共产党员队伍也在不断扩大。1941 年 7 月 1 日至 1942 年 1 月 1 日，共产党员的人数由 563503 人猛增到 1234373 人，增长了一倍多。1941 年 7 ~ 11 月，吸收的预备党员达 11 万名。

6 月 29 日，苏共中央和苏联人民委员会向战场附近各州的党组织和苏维埃政府发布指示，要求他们为了战争的胜利，动员所有力量和采取一切手段抵御德军，将国家变为统一的抗战力量，保卫国土。苏联人民在德军占领区建立游击队，与德军开展游击战。

战争对苏联政治工作提出了很高的要求。为适应战争形势的变化，苏共中央还提出了党的政治新方针，决定改组政治机关和党组织，目标是改变政治机关和党组织活动的方式。

6 月 30 日，苏共中央、苏联最高苏维埃主席团和苏联人民委员会联合决定，成立苏联国防委员会。国防委员会以斯大林为主席，莫洛托夫为副主席，伏罗希洛夫、马林科夫为委员。国防委员会是苏联战时拥有全权的特设最高国家机关，苏联党、政、军机关必须执行国防委员会的决议。国防委员会领导国家的一切部门和机关的活动，可以调动国家的一切物力、人力以战胜德军。它拥有调整经济、动员国家资源满足前线需要、为军队和各部门培训备队和干部等许多权力。为检查命令的执行情况，国防委员会在各军区、各州、各军事人民委员会、各企业基层工程单位派驻代表。国防委员会建立后，统一了前线和后方的指挥，有效地促进了国家、经济和军队之间的配合，保障了国家对武装斗争的集中领导。

同日，苏共中央政治局决定在苏联人民委员会内设立劳动分配委员会，其职能主要是：根据防御作战的需要，正确分配劳动力和额外吸收更多的人参加劳动。苏联人民委员会为了使各加盟共和国人民委员会、边疆区（州）执行委员会拥有更大的调节能力，又作出了《授予各加盟共和国人民委员会、边疆区（州）执行委员会调动职工工作的权力》的决定。

◎ 响应号召

7月1日，苏联最高苏维埃主席团发布了《关于扩大苏联人民委员会在战时条件下权力的决定》。根据这一决定，人民委员会在进行经济动员中的权限和自主权力大大地扩大了。

7月3日，斯大林通过广播发表了坚决抗击德军入侵的著名演讲，号召苏联军民捍卫自由、荣誉、祖国。演讲全文如下：

同志们

公民们

兄弟姊妹们

我们的陆海军战士们

我的朋友们

我现在向你们讲话

希特勒德国 6 月 22 日向我们祖国发动的背信弃义的军事进攻，仍在进行着。我们的红军虽然进行了英勇的抵抗，敌人的精锐师团及其空军部队虽然已被击溃，被埋葬在战场上，但是敌人又增派了兵力，继续向我国纵深入侵。

斯大林广播演讲

希特勒的军队侵占了立陶宛、拉脱维亚的大部分地区、白俄罗斯西部地区、乌克兰西部一部分地区。法西斯德国的空军正在扩大轰炸范围，疯狂地轰炸摩尔曼斯克、奥尔沙、莫吉廖夫、斯摩棱斯克、基辅、敖德萨、塞瓦斯托波尔等城市。

我们的祖国面临着严峻的考验。我们光荣的红军怎么能容忍法西斯分子侵占了我们的城市和地区呢？难道法西斯德国的军队真的像他们的所谓宣传家鼓吹的那样，是不可战胜的军队吗？当然不是。

历史表明，不可战胜的军队不只是现在没有，过去也没有过。拿破仑的军队曾经被认为是不可战胜的，可是他的军队先后被俄国、英国和德国的军队击败了。在第一次帝国主义大战时期，威廉的德国军队也曾经被认为是不可战胜的，可是这支军队曾经数次败给俄国和英法两国的军队，并最终被英法联军击溃了。如今，希特勒的法西斯军队同样不是无敌的。希特勒的军队在欧洲大陆还没有遇到真正的重大抵抗。只是在我国领土上，它才遇到了重大的抵抗。希特勒军队的精锐师团已被我们红军击溃了，也就是说，正如拿破仑和威廉的军队曾经被击溃一样，希特勒的军队同样是可以被击溃的，而且一定能够被击溃。

　　有人可能会说，我们的一部分领土毕竟被希特勒的军队侵占了，这主要是因为法西斯德国的侵苏战争是在有利于他们军队而不利于我们军队的情况下发动的。问题的关键就在于，希特勒的军队是挑起战争的军队，它完全被动员起来了，他们用来进攻我们并且集结到我们边境的170个师团早就处于临战状态，只要进攻命令一下即可投入战斗；而我们的军队不但需要时间进行动员，还需要时间向边境集结。还有一个情况起了很大作用，那就是法西斯德国不顾被全世界谴责为进攻一方，突然背信弃义地撕毁了同我们在1939年缔结的互不侵犯条约。谁都知道，爱好和平的我们是不愿先破坏条约的，所以是不可能走上背信弃义道路的。

　　也许有人会问，苏联政府怎么能同希特勒和里宾特洛甫这样一些背信弃义的人和恶魔缔结互不侵犯条约呢？苏联政府是不是犯了错误？我在这里很负责地说，苏联政府什么错误都没有犯！互不侵犯条约是两国间的和平条约。1939年德国政府向我们提出的正是这样的条约。那么，苏联政府可不可以拒绝这样的和平条约呢？我想，任何一个爱好和平的国家都不会拒绝同邻国缔结和平协定，就算是这个国家是由希特勒和里宾特洛甫这样一些魔鬼领导的。当然，这样的条约是有一定约束条件的，即条约既不能直接也不能间接侵犯爱好和平国家的领土完整、独立和荣誉。我们都知道，德国同苏联订立的互不侵犯条约就是这样的条约。

我们同德国缔结互不侵犯条约后，赢得了什么呢？条约保证了我们有至少一年半的和平，这样就使我们有时间组织自己的反击力量。假如法西斯德国胆敢冒险违反条约进攻我国的话，赢的肯定是我们，而输的自然就是法西斯德国了。

法西斯德国背信弃义撕毁条约，进攻我国，赢得了什么，而又输了什么呢？这使它的军队在短期内可能处于某种有利的地位，可是在政治上却彻底输了，它在全世界人民面前暴露了自己侵略者的嗜血面目。毫无疑问，德国这个暂时的军事优势，只是偶然的因素，而我们巨大的政治优势却是长期必然的因素，所以我们的红军在反法西斯德国战争中的胜利是必然的。

鉴于此，我们英勇的陆军，我们英勇的海军，我们的飞行员——我们的雄鹰，我国各族人民，所有欧洲、美洲、亚洲的优秀人士，包括德国的优秀人士，都会谴责德国法西斯分子背信弃义的行为而同情苏联政府，赞同苏联政府的行动，并且认为我们的事业是正义的，敌人一定会被击溃，我们一定会取得胜利。

因为强加于我们的战争，我国已经同最凶恶、最阴险的敌人——德国法西斯主义展开了殊死的较量。我们的军队正在同以坦克和飞机武装到牙齿的敌军英勇作战。红军和红海军正在克服重重困难，为保卫每一寸国土而奋勇战斗。拥有数千辆坦克和数千架飞机的红军主力部队正在投入战斗。我们红军战士的勇敢精神是举世无双的。我们对敌人展开的反击日益加强。全苏联人民同红军一起奋起保卫祖国。

为了解除祖国面临的危险，需要做些什么呢？为了战胜敌人，应该采取哪些措施呢？

首先，必须使我们苏联人了解到我国当前面临的严峻形势，坚决放弃泰然自若、漠不关心的态度，放弃和平建设的情绪，有这种情绪在和平时期是可以理解的，但是目前，当战争来临的时候，就是十分有害的了。敌人是残暴的，他们的目的是侵占我们用自己的汗水浇灌出来的土地，掠夺我们用自己的劳动获得的粮食和石油；他们的目的是恢复地主政权，恢复沙皇制度，摧残俄罗斯人、乌克兰人、白俄罗斯人、立陶宛人、拉脱维亚人、爱沙尼亚人、乌兹别克人、鞑靼人、莫尔达维亚人、格鲁吉亚人、阿尔明尼亚人、阿塞拜疆人以及苏联其他各自由民族的民族文化。因此，这是苏维埃国家生死存亡的问题，是苏联各族人民生死存亡的问题，是苏联各族人民享受自由还是沦为奴隶的问题。我们必须了解这一点，不要再对此漠不关心，动员起来，按新的对敌人毫不留情的战时轨道来改变自己的全部工作。

其次，必须使垂头丧气分子和胆小鬼、惊惶失措分子和逃兵在我们的队伍中毫无容身之地，使我们的人在斗争中无所畏惧，并且奋不顾身地投入反法西斯奴役者的卫国解放战争。我们国家的缔造者、伟大的列宁同志曾经说过，苏联人的基本品质应当是在斗争中勇敢、大胆、不知畏惧、决心同人民一起为反对我们祖国的敌人而战斗。

必须使布尔什维克的这种优良品质成为红军、红海军以及苏联各族人民所具有的美德。

我们应当立即按战时轨道来改变我们的全部工作，一切服从前线的利益，一切服从粉碎敌人的组织任务。苏联各族人民现在都应该知道，德国法西斯主义对保证全体劳动者享有自由劳动和美好生活的我们的祖国是极端痛恨和仇视的。苏联各族人民应当奋起反抗，保卫自己的权利和自己的国土。

红军、红海军和苏联全体公民应当捍卫每一寸国土，应当为保卫我国的城市和乡村战斗到最后一滴血，应当表现出我们固有的勇敢、主动和机智精神。

我们应当组织起来全面支援我们的红军，保证红军队伍得到充足的补充，保证供应红军一切必需品，组织军队和军用物资的迅速运输，以及广泛救护伤员。

我们应当巩固红军的后方，使全部工作都服从于这个事业的利益，保证加强一切企业生产更多的步枪、机关枪、大炮、子弹、炮弹、飞机，组织对工厂、电站、电话和电报联络的维护工作，整顿地方的防空事宜。

我们应当与一切扰乱后方分子、逃兵、惊惶失措分子和造谣分子进行无情的斗争，消灭间谍、破坏分子以及敌人的伞兵，从各方面大力支援我们的歼击营。

敌人阴险狡猾，善于欺骗和造谣，必须注意到这一点，不要受敌人的挑拨。凡是因惊惶和畏惧而妨害国防事业的人，不论是谁，都应当立即交付军事法庭。

当红军部队不得不撤退时，必须运走铁路上的全部车辆，不给敌人留下一部机车、一节车厢，不给敌人留下一公斤粮食、一公升燃料。集体农庄庄员应当把所有牲畜赶走，把粮食交给国家机关保管，以便运到后方。不能运走的贵重物资，若其中包括有色金属、粮食和燃料等，应当绝对销毁。

在敌占区，一定要建立骑兵和步兵游击队，建立破坏小组，以便同敌军斗争，以便遍地燃起游击战争的烽火，以便炸毁桥梁、道路，破坏电话和电报联络，焚毁森林、仓库和辎重；要造成使敌人及其所有走狗无法安身的条件，步步追击他们，消灭他们，破坏他们的一切设施。

我们与法西斯德国的战争决不能看成一场普普通通的战争，这场战争不仅是两国军队之间的战争，同时也是全苏联人民反对德国法西斯军队的伟大的卫国战争。这个反法西斯压迫者的全民的卫国战争的目的不仅是要消除我国当前面临的危险，还要帮助那些呻吟在德国法西斯主义枷锁下的欧洲各国人民。

在这场卫国战争中，我们不是孤立的。在这场伟大战争中，我们将获得可靠的同盟者，即欧洲和美洲各国人民，当然也包括受希特勒纳粹分子奴役的德国人民。为了保卫我们祖国的自由而进行的战争，将同欧洲和美洲各国人民为争取他们的独立、民主自由的斗争汇合在一起，这将是各国人民争取自由、反对希特勒法西斯军队的奴役和威胁而结成的统一战线。英国首相丘吉尔先生关于帮助苏联的历史性的演说和美国政府关于准备帮助我国的宣言就是十分明显的例证，苏联各族人民对演说和宣言表示衷心的感谢。

同志们！我们的力量无穷无尽，不可一世的敌人很快就会明白的。与我们的红军一道奋起对进犯我国的敌人作战的，有成千成万的工人、集体农庄庄员和知识分子。我国千百万人民群众都将奋起作战。莫斯科和列宁格勒的劳动者已经开始组成成千上万的民兵，来支援我们的红军。在我们反对德国法西斯主义的卫国战争中，在每一个遭到敌人侵犯的城市里，我们都应当组织这样的民兵，发动全体劳动者起来捍卫自己的自由、自己的荣誉、自己的祖国。

为了能迅速动员苏联各族人民的一切力量反击进犯我们祖国的敌人，我们成立了国防委员会，它把国家的全部权力集中在自己手中。国防委员会已经开始工作，它号召全国各族人民团结在列宁—斯大林和党的周围，团结在苏联政府的周围，以忘我的精神支援我们的红军和红海军，彻底粉碎敌人，迎接最后的胜利。

用我们的一切力量来支援我们英勇的红军和我们光荣的红海军！

用人民的一切力量来粉碎敌人！

为争取我们的胜利，前进！

苏联人民响应斯大林的号召，响应党和政府的号召，纷纷加入前线作战部队，愿为保卫祖国献出自己的一切。

同一天，苏联政府发布了《1941年第三季度国民经济动员计划》。动员计划替代了和平时期的"经济发展计划"，该计划的重点是改造军事工业。军事技术装备的数量比和平计划增加了26%。政府减少需要大量金属材料的和平建设项目，以及民用商品储备。政府新建了大批兵工厂，新建了通信工业、燃油工业、金属冶炼工业、化学工业等军工业。政府还加快了铁路建筑工程。同时，苏联政府将主要人力、物力用于建设大后方的伏尔加河流域、乌拉尔和西西伯利亚地区的军工厂。为保证军需物资的运输，苏联政府调整了铁路运输计划：除了煤炭、石油产品、金属材料、粮食仍保证运输外，不保证其他经济物资运输。计划还对工人劳动时间、劳动力资源的配置和组织领导提出了新规定。苏共中央政治局决定在苏联人民委员会成立劳动分配委员会，其职能为：按照防御战的需要，分配全国劳动力和吸收更多的人进入工厂。

苏联人民委员会为使各加盟共和国人民委员会、边疆区（州）执行委员会发挥更大的作用，作出授予各加盟共和国人民委员会、边疆区（州）执行委员会调动职工工作的权力的决定。

轻工业和食品工业的工人及其领导机关人员可以调往军工厂工作，但军工厂的工人及其领导机关人员严禁调往轻工业和食品工业。为使战时计划得到贯彻执行，苏共中央扩大了人民委员会在进行经济动员中的权限和自主权力。

苏联政府在战争初期将国民经济纳入战时轨道，在很大程度上减少了苏军战败所带来的损失，同时使苏联的军工生产维持一定水平。此举保证了军队的需要，并在很大程度上为苏军转入积极的防御奠定了基础。

◎ 一切为了战争

7月10日，为加强苏军统帅部的权威性，苏联国防委员会对苏军统帅部进行改组，由斯大林担任主席。同时，为了协调各战略方向的作战协同，苏联组建了西北、西、西南3个方向总指挥部。西北方向总指挥部由伏罗希洛夫任总司令，西方向总指挥部由铁木辛哥任总司令，西南方向总指挥部由布琼尼任总司令。这些方向总指挥部的任务为：对本方向的各方面军和海军进行战略指导，检查各部队对统帅部军令的执行情况，以及领导本方向的军事后勤工作。

7月14日和18日，苏军统帅部先后下令在西方面军后方建立后备方面军和莫扎伊斯克防线方面军，目的是在西德维纳河、第聂伯河防线以东到莫斯科方向构建第二道防线。苏军统帅部要求后各方面军进驻旧鲁萨、奥斯塔什科夫、叶利尼亚、布良斯克，苏军要求莫扎伊斯克方向军进驻沃洛科拉姆斯克以西、莫扎伊斯克、卡卢加。苏军要求两个方面军快速建立梯次配置工事。莫扎伊斯克防线由 3 道防御带构成，每道防御带的距离为 30~60 公里，建立多道中间防御阵地，整个防线的纵深为 120~139 公里。在西北战略方向和西南战略方向，苏军均采取了相应措施，但规模不如西方面大。

苏军在做好被动防御的前提下，还进行了可行性机动防御。在防御战中，苏军做好"以我之机动对付敌人的机动"的准备。苏军集中兵力，向德军发起反攻，争取夺取战略主动权。苏军在加强陆地防御的同时，大力提高了防空能力。在很短的时间内，苏军防空兵力和武器大大增多，防空体系不断扩大。苏联的莫斯科和列宁格勒等经济中心，兵工、能源和通信、交通枢纽防空体系都建立起来了。

7 月 15 日，苏军统帅部决定将集团军小型化，撤销了军一级建制，集团军统辖 5~6 个师。苏军统帅部缩编了陆、空军部队。

7 月 16 日，苏共中央政治局通过了改组政治宣传机构和在苏军中实施军事委员制度的决议。苏军总政治部宣传部和海军总政治部宣传部都改组成总政治部，陆海军机关实行军事委员制，军事院校实行军事委员制。它们的目的是加强苏联共产党对苏军的领导和做好政治工作。各级政治宣传部、宣传处分别改组为政治部和政治处。各团、师、司令部实行军事委员制度。同日，苏联国防委员会发布《关于国防人民委员会和海军编练预备队的决定》。

7 月 18 日，苏共中央发布《关于在德军后方组织斗争的决定》。为支援正面防御，《决定》要求各级党委组织敌后斗争，使德军陷入两线作战的被动境地。1941 年下半年，苏联 18 个地下州委、260 个地下地委、地下市委、地下区委和各种地下党组织，在沦陷区组建了 2000 多支游击队，人数达 9 万人。广大人民群众积极开展各种抗敌活动。

7月29日，由于兵力、武器的增加和战场形势的多变，苏军统帅部对部队的编制进行了大量调整。步兵师的兵员缩编30%，配备的火炮减少52%，卡车减少64%，骑兵师人数缩编为3000人，坦克师缩编为坦克旅，反坦克炮兵撤旅改团，空军师由3个团缩为2个团，各团的飞机数量缩为22架。

8月8日，苏军统帅部改称最高统帅部大本营，斯大林为最高统帅。苏联在政治、军事和经济等领域形成了高度集中的集权制。最高统帅部是苏军的最高指挥机构，它的主要职责是给苏军总参谋部下达建议，制订战略计划，组织各军种战略集团间的协同，以及苏军与游击队间的协同，负责协调苏军与盟军的行动，监督各部队任务的执行情况，负责建立物资储备和机动物资的储备等。

国防委员会所属的苏军总参谋部，改组为最高统帅部的主要业务机关。总参谋部不再负责兵员补充和军事训练等日常工作。苏联新建和恢复了空降兵、火箭炮兵、工程兵、国土防空军和炮兵等司令部，加强了对各兵种的战略指导。通信人民委员兼任通信部长，集中管理军、地各级通信部门。

改组后，斯大林担任苏共中央总书记，并兼任人民委员会主席、国防委员会主席、国防人民委员、最高统帅。苏联形成了在政治、军事和经济等方面的集中领导，克服了各军事首长和各主要国家领导人在指挥上职权不清引起的混乱。斯大林不可能完成如此多的任务，这无疑超出了一个人所能承受的能力。为此，他借鉴一战时一些国家直接向主要战区派出代表的经验，向各个重要战区派出最高统帅部代表。最高统帅部代表均由各军事首长担任。这些将领对各军区的情况比较了解，直接参与制订战役计划。斯大林要求他们对战役的实施负全责，并授予他们全权，使他们能够就地解决问题。

苏军总参谋部的职责为制订全国军队的使用计划，组织实施战役和战略性战役的计划，组织各集团军、各方面军之间的协同。苏军参谋部负责搜集、分析情报，向统帅部报告结论、提出建议，向陆军、海军发布统帅部的命令，同时负责监督命令的执行情况。

8月，苏联国防委员会成立苏军编练总部，负责部队、兵团的编组、补充、训练和对人民进行强制军训等工作，它对保证有效发挥部队战斗力起到了积极作用。国防委员会同时确立空降兵司令、火箭炮兵部队司令、工程兵主任、炮兵主任等职，并建立国土防空总部和防空歼击航空兵部等。苏军通信总部负责改革军队和地方的通信体系。海军在战斗时归属各方面军司令员，海军负责配合在滨海方向的作战。海军人民委员部和海军司令部领导海军舰队在海区独立作战。在苏军编练总部的统一领导下，苏军组建和训练了大量预备队，这些预备队源源不断地开赴前线。

战争爆发后，苏联开始改革部队的后勤保障工作。军队没有巩固的后方就无法长期作战，为了保持军队的足够强大，必须使军队不断地从后方得到兵员、弹药和粮食的补充。为此，国防委员会成立总后勤部和方面军、集团军后勤部，设立后勤部长、方面军后勤部长、集团军后勤部长等。赫鲁晓夫兼任后勤部长。国防委员会还设立了空军后勤部长和海军后勤部长。苏联对后勤部门进行的改革和指挥在苏军防御战中发挥了巨大的作用。事实证明，新组建的方面军后勤部和集团军后勤部功不可没，它们没有辜负国家的期望。

◎ 屠杀吓不倒莫斯科

　　9月，纳粹德国党卫军第一次在苏联实施了大屠杀，地点是乌克兰的首府基辅。屠杀的经过是这样的：当地的犹太人接到命令说，前一天夜里接到通知，要立刻到指定地点报到，最好的衣服首饰要随身携带。不分阶级、性别、年龄，统统被带到城外预定场地。在那儿，借口要举行某种仪式，让他们把珠宝首饰寄存起来，然后把这些人带离大路，杀掉了。这期间发生的可怕情况，连德国的行刑队都感到心颤。一个行刑的暴徒——党卫军保安处的军官事后说，自己只有借助酒力才能行刑，尽管如此，他在其后的几天里总是做噩梦。仅9月的最后两天，就有33771名平民被枪杀。一个月后，这个数字就上升到75000名。

　　在西线战场，希特勒曾指示德军战斗时要纪律严明。在随后的停战期间，他曾明确命令，在被占领的国土上的所有部队和文职人员要"尽善尽美"地执行任务，并对以前持敌视态度的居民小心从事。酗酒和暴力要受到严惩。

在东线战场上，希特勒完全是另外一副面孔。在希特勒看来，苏联人是死敌，作为得胜者，他决心把敌人消灭掉并"毫不留情地予以根除"。因此，希特勒建议战争一开始就用针锋相对的战斗方法对付他们。他声明，"不是我们消灭他们，就是他们消灭我们，这将是这场交锋中无情的座右铭"。

早在进攻苏联前3个月，希特勒即于3月30日在一次有德国将领参加的秘密会议上声称，对苏联的战争不是一般的战争，"这是一场歼灭战，对作为目前的人民的'征服者'的犹太——布尔什维克分子必须除掉。在东方，战争将更为残酷，但是为了未来的幸福，我们必须如此"。遵照希特勒的指示，他的下属炮制了"东方"计划——一个在肉体上消灭斯拉夫民族，尤其是俄罗斯人、乌克兰人、白俄罗斯人以及犹太人和其他民族的计划。

清洗苏联军队中的政委是希特勒反苏斗争的重要组成部分。在同一次会议上，希特勒一提到苏联军队中的政治委员，便恨得咬牙切齿："共产主义者绝不是同志，永远不是！"他明确指出："消灭布尔什维克政治委员和共产主义知识分子。"并反复强调："政治委员和苏联国家政治保安局官员都是罪犯，必须同样对待。"希特勒最后指出："我不期望我的将军们能透彻地理解命令，但是要服从命令。"

为了执行希特勒的这些命令，最高统帅部作战局于1941年3月，专门确定了在执行"巴巴罗萨"计划中迅速除掉布尔什维克领导人尤其是政治委员的"特殊纲领"。"纲领"规定："袖子上绣有金色斧头镰刀和红星的人都可以视为政委，如果发现他们反抗，立即枪毙！"

希特勒一再声称，对苏战争中，"思想意识之间的斗争必须与武器间的交锋同时进行"。他的目的是在占领苏联后建立起许多非斯大林化的小国，因此必须消灭由斯大林指派的知识分子，必须砸碎苏联的指挥机器，并且有必要在整个苏联毫不掩饰地使用暴力。在希特勒看来，"把苏联人系在一起的思想上的带子还不那么结实，一旦官员被干掉，国家就会分崩离析"。他指令希姆莱的党卫军和各种"帝国专员"专门负责处理掉"所有布尔什维克头目和人民委员"，组建"新的国家政府"。

战争爆发后，德国武装力量和占领区当局遵循体现在命令中的希特勒的野蛮训导："我们一定要消灭人口——这是我们天职的一部分。记住，在我们占领的这个国家中，人的生命没有任何价值，我们需要研究消灭人口的技术。"

德军总参谋部、秘密警察以及其他犯罪组织争先恐后系统而详细地制订在苏联被占国土上施行的暴行纲领。根据这些计划和纲领，在未来25～30年内，要杀掉1.2亿～1.4亿人，并最终"消灭苏联的生物潜能"。为了完成这一惨绝人寰的使命，希特勒建立起与武装部队并列的第二部队，这支部队由一些"特别队""行动组"和党卫军部队组成，共有数十个师，各师充斥着大批精选的暴徒。在苏德战争中，2000万苏联人民长眠于地下，其中相当一部分并不是死在战场上，而是死于纳粹德国的"特别队""行动组"的血腥屠杀。

苏联人民没有被法西斯的残暴吓倒，广大人民响应国家的号召踊跃参军。到7月1日，全国有530万人参军。在新西伯利亚，战争爆发仅一周，就有6000人申请入伍；在乌兹别克斯坦，14000人申请入伍。战争爆发仅一个月，苏联就新建了1755个歼击营，人数达32.8万。各地民兵组织在苏联政府的组织下，如雨后春笋般建立起来。在莫斯科，截至7月7日，一共组建了12

个志愿民兵师，达 12 万人。在基辅，截至 7 月 8 日，新建了 19 个民兵队伍，达 3 万多人。

卫国战争初期，列宁共青团发出总动员，在不长的时间内就有 50 万少女应征入伍。整个卫国战争期间，在前方各个军兵种服役的女兵超过 80 万，其中 70% 在各个主力部队，而她们中的绝大多数是少女。这些年轻的女兵半数以上死在了战场上或是纳粹德国的集中营里，表现出了和男人一样气吞山河的英雄气概。至秋季，苏联共新建约 60 个民兵师、200 个民兵独立团，还有无数军事组织，苏联几乎全民皆兵。

苏联人民不仅踊跃参军，还积极捐款捐物。截至莫斯科保卫战爆发前的 9 月 21 日，苏联人民捐款达到 5.87 亿卢布。在战争爆发后的 18 个月，苏联人民捐款达到了 105 亿卢布。苏联用这笔巨额资金组建了几十个坦克纵队和航空队。

◎ 穿上军装，拿起武器

德军从 7 月底便开始空袭莫斯科，8 月空袭更加频繁。莫斯科防空区司令员格罗马金向斯大林和国防委员会其他委员、政治局委员们陈述关于改进莫斯科防空区防空措施的汇报。他说："几天来，我们仔细研究了各防空部门的详细战况，从中发现了一些问题。比如，各军兵种间的协同考虑欠周全，在实战中做不到配合默契。探照灯部队在莫斯科周围设置的环形照射区，也并不十分理想。城市从空中鸟瞰像一个大弹坑，很容易被发现。往往是15~20 个探照灯追逐一架德国轰炸机，以致有些飞机乘虚而入。高射炮和机枪经常向高不可及的目标射击，白白浪费弹药。有些歼击机飞行员在待机空域滞留时间过长，并且不善于捕捉敌机……总之，这些问题都是防空部队各级司令部需要认真考虑的。"

斯大林全神贯注地听着格罗马金的汇报，不停地抽着烟。突然，他轻轻地在桌上磕了一下烟斗，看着格罗马金说："格罗马金同志提出的一些改进措施很好。在这里，我想提一点自己的看法。我认为，用高射炮阻拦火力，毕竟是一种消极的防御，并且消耗炮弹也多。应当算一算，我们的工业是否承受得了这种负担。因此，必须让我们的学者们找到更有效、更经济的形成阻挡弹幕的方法，以便少放空炮。格罗马金同志，您把这件事办一下。"

"好的，斯大林同志。"格罗马金回答。

"格罗马金同志，"斯大林说话的声调突然变得非常坚决，"我已签署了给予你战功卓著奖励的命令，但我同时也必须下另一道命令，你必须注意休息。"

斯大林重重地拍了拍格罗马金的肩膀，认真地说："记住，斯大林不习惯于他的命令得不到执行……"

格罗马金在接受了政府授予他的嘉奖的同时，也把另一批嘉奖名单送到克里姆林宫。他们是在第一次莫斯科反空袭战中有功的歼击机飞行员。他们中间有莫斯科防空夜航歼击机独立大队队长尤马舍夫上校、试飞员马尔克·加莱等。

苏联英雄尤马舍夫早在 1937 年就曾因参加莫斯科—北极—美国远距离不着陆飞行而扬名于世。马尔克·加莱则是一位名不见经传的试飞员，而就是这样一位小人物却在保卫莫斯科的空战中创造了惊人的战绩。马尔克·加莱庆幸自己走了好运，作为苏联英雄尤马舍夫上校指挥的歼击机独立大队的一名年轻的试飞员参加了保卫莫斯科的第一次反空袭战斗。可是，有一件事他没有想到，那就是夜间行动。他夜间倒是飞行过，但那是在地面没有灯火管制的情况下飞行的。

一天夜晚，当他像值班小队的其他飞行员一样，躺在飞机旁边的蒙布上打盹儿时，一声号令把他们惊醒：一级战备！这时，从莫斯科方向隐约传来了工厂的汽笛声、警报器的鸣叫声。这时，马尔克才感到马上就要投入战斗了。他的心不由得狂跳起来，毕竟是第一次参加战斗。

"马尔克，准各起飞！"尤马舍夫上校的头伸进马尔克的座舱。

"高度 3000~3500 米，方向莫斯科中心。必须发现敌人，攻击它，消灭它！"尤马舍夫的语调变得非常严肃。一声令下，马尔克·加莱驾驶着米格式飞机迅速滑向跑道，冲向天空，向莫斯科方向飞去。

从飞机上俯瞰，马尔克看到的是火光冲天的莫斯科。他握紧驾驶杆，随之加大油门。

在几个探照灯交叉照射的光线中，马尔克·加莱突然发现一个闪亮的小点。马尔克目不转睛地盯着这个目标，渐渐地，亮点明显变大，随后显出了轰炸机的轮廓。马尔克看清了飞机机翼上黑色的"卐"标志。

"是道尼尔！"马尔克认出了德国轰炸机。

"决不能放走敌机！"马尔克心中只有一个念头，"500 米、400 米……"

离德军轰炸机越来越近，"嗒嗒嗒……"马尔克按动了机枪，正好打在轰炸机的中部，好像把对方打穿了几个孔。突然，有两串发光的子弹向马尔克飞来，这是从"道尼尔"机舱中发射出来的。马尔克猛地转机，子弹从旁边一掠而过。转向一边，马尔克再次射击。这次是从下面用机枪打敌驾驶员的座舱，然后再打右发动机。突然，又飞来一串发光的子弹，他又一次躲闪开了。

经过几番迂回，"道尼尔"的子弹打光了，马尔克抓住机会，向"道尼尔"迎面射击。这时，地面防空部队从发射到空中的探照灯光中，看到一架带有

"卐"标记的飞机在东冲西突。于是，一连串发光的弹迹向这架飞机射去，但这不是来自地面的射击，而是从黑暗莫测的空中发射的。在探照灯光的短暂照射下，德军轰炸机突然重心不稳，踉踉跄跄地坠了下去。

几分钟后，在莫斯科防空指挥部大楼楼顶观察哨的铁塔上，值班观察兵通过电话，传送了一个振奋人心的消息：一架德国"道尼尔−217"轰炸机在白俄罗斯车站方向坠毁。这架飞机，正是被试飞员马尔克·加莱击落的。

德军的空袭只是配合地面部队作战，地面上德军的装甲战车更加疯狂。就在德军地面部队进攻斯摩棱斯克的时候，克里姆林宫向前线发出了掷地有声的命令："要不惜一切代价，坚决顶住敌人的进攻，在莫斯科未做好战争准备之前，一定要将敌军坦克阻止在斯摩棱斯克一线！"

战斗在夜以继日地进行，战场上尸横遍野，成千上万的人死去，战火最终还是吞噬了斯摩棱斯克这座美丽的城市。但是，斯摩棱斯克阻击战为莫斯科的防御争取了宝贵的时间，对整个战略防御作战起到了积极作用。在这宝贵的时间里，苏联动员了530万预备役兵员，仅莫斯科市就征召了数十万人。青年人头戴钢盔，身穿军服，肩挎长枪，唱着雄壮的战斗歌曲："听吧，战斗的号角发出警报，穿好军装拿起武器！青年团员们集合起来，踏上征途，万众一心，保卫国家！"

一批批热血青年唱着战歌奔赴战火纷飞的前线。

◎ 热血在莫斯科燃烧

苏联许多民用工厂转入生产军工产品。到 9 月底，在莫斯科市苏维埃所属的 670 个企业中，已有 654 个转入生产弹药和武器，军工产品的比重已经占这些工厂全部产品的 94%。在"一切为了前线""一切为了消灭敌人"的口号声中，炮弹、冲锋枪、手榴弹、迫击炮弹、飞机、火箭炮、大衣、靴子源源不断地运往前线。在这宝贵的时间里，苏联政府征用民工在莫斯科以西的远接近地上紧急构筑防御工事。

尽管德军的轰炸机在天空呼啸，炮击和轰炸的喧嚣声此起彼伏，但是数万名莫斯科人和郊区居民在修筑着防御工事，他们在跟时间赛跑。从凌晨到深夜，莫斯科人异常忙碌，困了便分散在郊区的村庄里休息，有时索性就住在工棚里；饿了，他们就近在食堂吃饭，而食品通常是被装在铁桶里从莫斯科运来的。参加构筑工事的人中大多数是妇女和少年，他们没有一个人叫苦，没有一个人要求换班。

战时的莫斯科

工事与障碍物相结合，对莫斯科形成了两条防线：前一道防线称作勒热夫—维亚济马防线，它的最北端在奥斯塔什科夫以东约 48 公里处，距瓦尔代山不远，中间穿过维亚以西地区，最南端在基洛夫以南，全长 320 公里；后一道防线称作莫扎伊斯克防线，在莫斯科以西约 130 公里处，沃洛科拉姆斯克至提赫文，长约 260 公里。另外，在莫斯科以西还有 4 道弧形防线。

担任莫斯科防守任务的是西部战区，它北邻西北方面军，以奥斯塔什科夫为界，南靠西南方面军，以活洛日巴为界。从北到南，防御正面宽约 750 公里。在铁木辛哥元帅指挥的西部战区内有 3 个独立的方面军：科涅夫指挥的西方面军、布琼尼指挥的预备方面军和叶廖缅科指挥的布良斯克方面军，辖 15 个集团军和 1 个战役集群共 125 万人，在莫斯科以西的两个巨大同心半圆中等待着经受最严峻的考验。

德军在希特勒不惜一切代价必须占领莫斯科的命令下，虽然遭遇了苏军顽强的抵抗，仍然取得了一些进展，相继攻占了莫扎伊斯克防线的沃洛科拉姆斯克、卡卢加等要地。这个时候，莫斯科已经危在旦夕，留在市内的国防工厂和科学文化机构紧急东迁。

10月15日，苏联外交人民委员莫洛托夫通知各国外交使团随苏联政府部分机关转移到伏尔加河中游的古比雪夫，但是以斯大林为首的苏共中央政治局、国防委员会、最高统帅部和由总参谋部人员组成的作战组仍留在莫斯科。根据国防委员会的决定，从10月20日开始在莫斯科及其附近地区宣布戒严。

在生死存亡的紧急关头，以斯大林为首的国防委员会作出在莫斯科近郊歼灭德军的决定，采取攻势防御的果断措施。根据斯大林的指示，苏军依靠前线防御工事系统，组织了坚强的攻势防御，以削弱和消耗敌人的有生力量，赢得时间，集中后备力量在一定时机转入反攻，给德军以歼灭性的打击。

根据斯大林的命令，国防委员会号召首都人民密切配合红军，誓死保卫莫斯科。《真理报》发表《阻止敌人向莫斯科前进》的社论，动员全市人民用自己的鲜血埋葬入侵之敌。莫斯科召开全市积极分子大会，号召全市人民把首都变成攻不破的堡垒。

莫斯科只有热血，从来不相信眼泪。

在短短的3天内，莫斯科就组建了25个工人营、12万人的民兵师、169个巷战小组和数百个摧毁坦克班。参加民兵师的有各种专业人员：工人、工程师、技师、作家、学者和艺术工作者。虽然这些人有的没有什么军事技能，却同有一颗爱祖国、爱首都的心，都有一种不屈不挠的精神和必胜的信念。

很多自动编成的民兵组织参加了侦察、滑雪、袭扰德军军营和截击德军军车的活动。当他们取得必要的战斗经验后，就组成出色的战斗兵团，担任正规的攻防任务。到了 11 月，在莫斯科附近，这些民兵部队构筑了 7.2 万米的防坦克壕，约 8 万米的崖壁和断壁，设置了 5 万米长的桩砦和许多其他障碍物，挖掘了近 13 万米的战壕和交通壕。他们在冰冻的土地上，用双手挖出了 300 多万立方米的土方。

留在莫斯科工厂里的工人和工程技术人员们同样表现出了英勇无畏和自我牺牲的精神。因全部贵重设备已搬迁撤出，他们坚持用旧设备生产前线急需的武器装备。时间紧迫，军工产品必须在最短期限内完成，而工厂人员又严重不足。于是，工人们加班加点，夜以继日地工作，大家一心想着的是保证按时超额完成任务。负责生产帕金 7.62 毫米冲锋枪枪机的第一轴承厂、奥尔忠尼启则工厂，12 月的产品比 11 月多出惊人的 3~4 倍。

为了支援前线，许多民用工厂改产军品。钟表厂主产地雷引信，无线电车修理厂制造手榴弹，机械厂生产坦克和炸药，甚至有的原来是生产居民服饰用品的小厂，竟然能为前线主产反坦克手榴弹。资料、设备、技术等方面的困难是可想而知的，但为了支援前线，为了保卫莫斯科，他们争先恐后地接受任务，献计献策，努力转产符合前线的需要。

德军对莫斯科的狂轰滥炸日甚一日，几乎每天都有空袭警报，可是千百万莫斯科人民一边井然有序地工作、生活，一边积极参加反空袭的战斗。战斗正在莫斯科西郊接近地激烈进行着，莫斯科人民的工作条件和生活条件越来越困难。为减少损失，他们冒着空袭，对莫斯科市内和市郊的大型工业企业继续进行大规模疏散。8.8 万辆铁路货车满载着设备、金属材料和各种半制成品，满载着工人及其家属，奔赴伏尔加河下游地区，奔赴乌拉尔、西伯利亚、中亚和哈萨克。

开始疏散之前，莫斯科共有 7.5 万台金属切削机，经过疏散只留下 2.1 万台。战前，莫斯科供电系统发电能力超过 1400 万千瓦，到 1941 年秋的发电量还不足这个数字的一半。然而，他们克服各种困难，保证了前线之需。前线指战员感受到，全莫斯科人民都在保卫首都，全国人民都在保卫首都，这成为鼓舞他们取得莫斯科保卫战最后胜利的力量和信念之源。

负责保卫莫斯科的指挥官朱可夫在他后来的回忆录中深有感触地说："当我们谈到莫斯科保卫战的英勇战绩时，我们所指的不仅仅是军队英雄的战士、指挥员和政治工作人员的战绩。在西方面军以及在尔后各次战役中之所以能取得如此胜利，完全是首都及莫斯科军民团结一致和共同努力的结果，是全体苏联人民对军队和首都保卫者进行有效支援的结果。"

第三章

朱可夫屡次临危受命

　　战斗异常激烈，苏军和德军在所有
地段同时展开激战。德军用密集的大炮
和迫击炮企图压制住苏军的进攻。朱可
夫毫不示弱，命令所有飞机、坦克、大
炮予以还击。

◎ 像弹夹中的子弹

　　在苏联卫国战争中，有一个人至关重要，不能不提，他的作用与名气仅次于苏联最高统帅斯大林，从某种意义上来说甚至还要高过斯大林，他就是朱可夫。

朱可夫

面对来势汹汹的德国钢铁战车，斯大林可谓一筹莫展，是朱可夫承担了救火队长的角色，哪里军情危急他就奔向哪里。他挽救了西南方面军，顶住了列宁格勒方面德军装甲战车的冲击，而在即将打响的莫斯科保卫战中更是起着中流砥柱的作用。

苏德战争爆发的时候，朱可夫身为总参谋长，每天的工作是听取国防委员会主要是斯大林的指示。进入7月，朱可夫与斯大林的接触骤然增多，每天至少两次前往斯大林办公室汇报情况。他不仅要报告前线发生的一切重大问题和总参谋部研究归纳的意见，还要说明酝酿成熟的结论、设想和当前的战役和战略计划草案。然而，前线传回来的战报没有给人带来任何欣慰。苏军损失越来越大，德军从很多方向长驱直入，蚕食着苏联的领土。

不幸的消息还是传到了莫斯科，通往首都要道的重要城市斯摩棱斯克被德军占领了。斯大林听到这一消息，不由得勃然大怒，将朱可夫狠狠训斥了一番。

朱可夫按照惯例直接从总参谋部驱车前往克里姆林宫，向斯大林汇报前线的情况。他一走进办公室，就看见外交人民委员莫洛托夫和航空工业人民委员沙胡林坐在铺着绿毯的长桌旁，而斯大林背对着他们，站在办公桌旁。此时，斯大林正在和坦克工业人民委员马雷舍夫通电话。

在莫洛托夫和沙胡林汇报完工作后，朱可夫看出，斯大林开始考虑前线的军务，于是决定把想说的话告诉他。当朱可夫刚要开口说话的时候，斯大林先开口了："有一次吃午饭时，我们闲谈，说不能怪罪斯大林责骂朱可夫同志。"他把熄灭的烟斗举起来，像是要提醒大家注意："斯大林骂朱可夫，朱可夫再去骂方面军和集团军司令员，事情办得就会好些。但是，骂朱可夫和司令员们要恰到好处，别让他们在工作中缩手缩脚，以至于将事情办得更糟……"

听了斯大林的话，朱可夫心里一颤，他本来是想用委婉一点的方式向斯大林说这番话的。

"请转告铁木辛哥同志，别让他过分责怪卢金、库罗奇金和科涅夫。不仅如此，还得向他们颁发崇高的奖赏，这样也许会给卢金和库罗奇金鼓一把劲儿，让他们把德国人赶出斯摩棱斯克……"

"您说得对，斯大林同志……"直到这时，朱可夫才找到说话的机会。

"现在我可以汇报工作了吗，斯大林同志？"

"请等一下，"斯大林转向莫洛托夫，"最好让朱可夫同志了解一下我们给英国首相丘吉尔的电报。"他接着向朱可夫解释，"我们向丘吉尔建议，尽快开辟第二战场。"

"我们甚至还提出了可行的、建立第二战场的各种方案。"莫洛托夫解释说。

"请原谅，我不太懂。"朱可夫紧锁眉头，眼睛变得小而黯淡，"你们不想听听总参谋部的意见吗？"

斯大林和莫洛托夫互相看了一下，好像不知如何回答这位总参谋长同志的问话。

"在战役战略上是否有利……"朱可夫有点出言不逊，在挖空心思地挑选字眼，"这方面你们可能不了解……"

斯大林有些扫兴，叼起烟斗，和颜悦色地说："我们现在的根据就是在政治战略上有利……我们研究了种种因素。"

"是为了在军事和政治上进行试探，"莫洛托夫打开一个文件夹补充说，

"喏，朱可夫同志，你可以看看斯大林同志给丘吉尔先生的私人电报。"

朱可夫留意到莫洛托夫着重说的"私人电报"这个词，他当即说道："我不是外交家……既然有必要采取政府首脑间交换私人信件这种方式，总参谋部大可不必干预。"

"念吧！"斯大林严厉地说，背过身去。朱可夫开始轻声读起来："承您发来两封私人电报，谨向您表示谢意。您的电报是我们两国政府取得一致的开端。现在，正如您有充分根据所说的，苏联和英国已经在反对希特勒德国的斗争中结成盟友。我毫不怀疑，尽管存在重重困难，我们两国将有足够的力量击败共同的敌人……"

斯大林接着告知英国首相，苏军在前线的形势依然紧张，并说明了产生这种情况的原因，"据我看来，如果能够在西面（笔者注：即法国北部）和北面（笔者注：即北极地区）开辟一个抗击希特勒的战场，那么苏联以及英国的军事形势将会大为改观。"

"无懈可击，斯大林同志……思考严谨，就像弹夹中的子弹一样。"

朱可夫刚才由于斯大林没听取总参专家参与研究开辟第二战场的方案，说了一些不得体的话，感到内疚。总参谋部人员确实也研究过英国军队在某一地区打击德国法西斯军队的可能性问题。

"弹夹中的子弹，这话不错。"斯大林带着令人难以觉察的笑意望着朱可夫，"不过，您的问题——为什么没请总参谋部帮忙，还是有道理的。今后，凡与盟国谈判开辟第二战场以及谈判向我们提供援助的时候，我们不仅要依靠总参谋部，而且也要依靠为国防工作的各人民委员部的统计机关。"

"还要征询总后勤部长赫鲁晓夫同志的意见。"莫洛托夫补充说。

"我很想知道英国人对您的建议作何反应，斯大林同志。"朱可夫说道。

"不会很快有回音的。"莫洛托夫拍了一下文件夹，"我想，他们目前正在搜集和综合我们前线形势的情报，主要是依靠德国的材料。然后再同我们的材料相比较……我认为，他们在等待，想看看轰炸之后，我们作何反应，他们想知道我们能否挺得住。"

"没错，他们是在等待轰炸的效果，"斯大林表示同意，"特别是最近几天，戈林和希特勒狂妄至极，扬言将通过空袭彻底摧毁莫斯科。也许这些威胁语言是恐吓英国人的，因为他们尝过德国空袭的滋味。他们可能担心，你我都死无葬身之地，到那个时候，就没有人跟他们谈判了……"

斯大林突然停了下来，看着朱可夫，稍作停顿继续说："早在 7 月 4 日，就有一架德国侦察机窜入西郊上空。从这个时候开始，他们就不断进行空中侦察……"

"是的，斯大林同志。对空情报站已经做了约 90 架次来莫斯科方向进行侦察飞行的记录。其中，有 9 架飞机闯入市区……我们第六歼击机团的飞行员击落了几架'亨格尔'……撞毁了一架……"

朱可夫在证实斯大林的说法。

"几十架德国侦察机中仅仅击落几架，不算多。"斯大林若有所思地说，"这很不符合我们的看法，我们一向认为，苏联军事科学对于大的行政和工业中心的防空战术深有研究。"

朱可夫想向斯大林解释，这是德国最新式的侦察机，况且根据被俘的德国飞行员的口供，飞机采取了减轻重量的措施：严格控制携油量，卸掉部分武器，挑选体重最轻的飞行员驾驶飞机……因此，飞行高度可达 8 公里以上。

然而，斯大林不等朱可夫解释，继续说："说说吧，前线情况怎么样？"

朱可夫在桌子上展开战略形势图、德军部署图、苏军状况以及各方面军及中央总部物资技术储备状况报表，从容不迫地汇报起来："过去几天内，西北方面军第十一集团军于 7 月 14 日开始对索利齐地区的德第四装甲集群实施反突击。结果，我军占领了索利齐，德军被击退 24~38 公里。"

朱可夫俯身在地图上，历数第十一集团军目前所在地域中的一系列居民点。

随后，朱可夫谈到西方面军的形势，说第二十二集团军在德军优势兵力突击下放弃了大卢基市。在西南战线，位于基辅以南的第二十六集团军对德军第一装甲集群转入进攻，但未获进展，只是迫使德军在法斯托夫、白教堂、塔拉夏等地转入防御。

斯大林站在窗前，听着朱可夫的汇报，同时又望着窗外有点看厌了的场面：围着板墙的小花园已经变得面目全非，传送带从地下提起泥土，一刻不停地向围墙的顶上滑去。板墙外大卡车在轰鸣，依次把车厢送到传送带下，地铁工人正忙碌着要尽快完成避弹室建设工程。第二天，克里姆林宫的避弹室工程开工，直到法西斯侦察机飞临莫斯科上空的时候，这项工程仍在进行中。

斯大林等朱可夫汇报完后，说道："朱可夫同志，现在需要检查一下莫斯科防空区的情况，看看是否做好了反空袭的准备……"他稍微停顿了一下，又进一步明确指示："先检查防昼间空袭的准备工作。"

"明天可以吗，斯大林同志？"朱可夫问。

"好，那就明天吧！"

斯大林点头同意，莫洛托夫走了，办公室里一片静默。

◎ 脾气比斯大林还火爆

为了保卫莫斯科，成千上万少女志愿加入莫斯科防空区的高炮部队、阻塞气球部队，更有数万名少女在消防队、防化队和医疗队里工作。另外，还有数百名中小学生加入到扑灭燃烧弹的行列中。尽管市政府禁止他们参加这一工作，但是他们还是想尽办法和消防队一起执勤，有时在空袭时，他们到阁楼上、庭院和大街上单独执勤。一次，几十颗燃烧弹落在红场，当时便有几个小小的身影从国营百货商店大楼台阶上跑出来，在震耳欲聋的高射炮声中扑灭燃烧弹。孩子们用浸湿的鸭舌帽把手包起来，抓住炸弹尾翼，将数公斤重的炸弹使劲往马路上摔去。燃烧剂摔出来了，燃烧弹也随之熄灭。

为了表彰孩子们在扑灭燃烧弹中表现的勇敢精神，市政府授予他们"勇敢"奖章。为表彰胜利完成首都的防空任务，数百名莫斯科市民被授予苏联勋章和奖章。

为了使敌机难以找到目标，从空中看得最明显的建筑和市内各广场都涂上了伪装色彩，克里姆林宫附近的莫斯科河拐弯处也设置了伪装。就连莫斯科近郊的地貌也换了新颜。莫斯科四周200公里以内像经过魔法点化一般，出现了无数的工厂、汽油供应站、粮仓、机场、桥梁、库房……这一切只不过是模型罢了。这是工兵部队在莫斯科市民和莫斯科州居民的协助下修建的，目的是迷惑敌机，让它们分辨不出哪些是真正的军事和工业目标。

然而，斯大林、朱可夫和国土防空指挥部非常明白，苏联的战备要想完全瞒过德国人是不可能的。这时，苏联的侦察机关获悉，德军正在策划一个重大行动……有许多情况只能靠猜测。随着德军深入苏联领土，其空军新修的机场也越来越靠近莫斯科。仅仅为了保障中央集团军群进攻莫斯科，德军就集中了1000多架作战飞机。

为了突袭莫斯科，德军确定了一些具体轰炸目标：克里姆林宫、党中央大厦、《真理报》大楼、团中央大厦、行政机关、大型企业、桥梁、铁路枢纽、居民稠密的住宅区……德军统帅部经过精心挑选，从几个善战的航空大队抽调人员组建了一个特别航空群。数百架德军新型轰炸机准备对莫斯科进行毁灭性的轰炸。这些轰炸机的机组人员都是德国空军的骨干，其中有一半机长是上校军衔。

斯摩棱斯克会战后，苏联西线暂趋沉寂，其他几个方面虽仍在激烈战斗，但是红军的力量正在得到加强，战线趋于稳定。这标志着大战初期苏军的被动境地即将过去。这时，德军在列宁格勒的举动引起了朱可夫的注意。

德军的持续进攻虽然没有一举攻破苏军的防御，但是距列宁格勒已经不远了。在总参谋部，朱可夫与作战部长兹洛宾、华西列夫斯基等高级将领对整个形势进行了讨论。经过分析，朱可夫认为，对莫斯科的进攻，德军只能等到消除了苏联西方面军和西南方面军对其中央集团军群翼侧的威胁以后才会开始。西北方向的德军加强部署后，力求用最短的时间占领列宁格勒，进而同芬兰军队会合。朱可夫经过反复斟酌后，确信自己的预见是正确的。于是，他决定立即向斯大林汇报，以便采取必要的对策。

7月29日，朱可夫向斯大林汇报了自己的想法，并且提出建议：分别从西方面军、西南方面军和统帅部抽调一个集团军，至少给西方面军增加3个得到炮兵加强的集团军，由瓦杜丁担任西方面军司令员。朱可夫还解释说，在德军对莫斯科方向重新推进之前，就会有新的部队加入到莫斯科的防御中来，因此莫斯科的保护不会被削弱。

朱可夫接着说："西南方面军应立即全部撤过第聂伯河。在西方面军和西南方面军的接合部后面，应集结不少于5个加强师的预备队。它将成为我们的拳头，以待时机打出去。"

听到这里，斯大林脸色凝重地问："那基辅怎么办？"

朱可夫断然回答："基辅必须放弃！"

朱可夫此言一出，震惊全场，大家不由得屏住了呼吸，睁大眼睛盯着这位大胆直言的红军总参谋长。

朱可夫平息了一下自己的情绪，继续说："在西部方向需要马上组织反突击以夺回德军占领的叶尔尼亚突出部。德军将来可能利用这个桥头堡来进攻莫斯科。"

"组织什么反突击，简直胡说八道！"斯大林怒不可遏地斥责道，"把经济命脉基辅交给敌人，亏你还能说出口！"

朱可夫的脾气比斯大林还火爆，针锋相对地说："如果你认为我这个总参谋长是在胡说八道，那我请求您解除我的职务，把我派到前线去好了。"

"朱可夫同志，请冷静一下，你这样说是不负责任的。"

"我是一名军人，随时准备执行最高统帅部的任何决定。但是，我对战局和作战方法做过深入研究，并且相信这个判断是正确的。何况，这也不是我一个人的看法，我和总参谋部都是这么想的。我觉得如实汇报，才是负责任的态度。"朱可夫一脸庄重地说。

斯大林没有打断朱可夫的话，迅速平息了自己的怒气，平静地说："你先回去工作吧，我们马上研究一下，一会儿再叫你过来。"

半小时后，朱可夫被叫回到斯大林的办公室。斯大林告诉朱可夫："国防委员会已经做出决定，由沙波什尼科夫接替你的总参谋长职务。我们打算让你担任前线的指挥工作，你有在实战条件下指挥部队的经验，在作战部队肯定会发挥更大的作用。当然，你仍然是副国防人民委员和最高统帅部的成员。"

"派我到什么地方去？"朱可夫问。

"你刚才汇报说要在叶尔尼亚突出部组织一次反突击，那就请你负责这件事吧！"斯大林接着说，"必须把勒热夫—维亚济马防线上各预备队集团军的行动统一起来。任命你为预备队方面军司令员。什么时候可以动身？"

"随时可以。"

"好吧，祝你成功！"

朱可夫以辞职来劝说斯大林放弃基辅失败后，西南方面军司令部很快接到最高统帅部的命令：坚守基辅，切断德军第一装甲集群与步兵军团的联系，攻击装甲军团的侧翼。西南方面军司令员基尔波诺斯明白，这又是一个无法完成的任务，但是既然最高统帅部已经下了命令，他们只有做好死守基辅的准备，即便失守，也要拖上一段时间，以便最大限度地消耗德军的势力。

◎ 德军第一次败退

7月31日，朱可夫把总参谋部的工作交给了沙波什尼科夫，自己赶往预备队方面军司令部所在地格扎茨克，见到了参谋长利亚平少将和方面军炮兵司令员戈沃罗夫少将。当天，朱可夫与助手们一起，仔细研究了影响准备和实施旨在消灭德军叶尔尼亚集团的战役条件。随后，他和戈沃罗夫等人前往第二十四集团军司令部，这支部队正与德军炮兵交火，亚尔采沃、叶尔尼亚和维亚济马以西的天空被炮火映照得一片通红。

8月1日，朱可夫同第二十四集团军司令员拉库京前往叶尔尼亚地区，进行实地侦察。他们发现，德军已经在防御前沿和纵深把坦克、强击火炮等配置在掩体内，整个叶尔尼亚突出部成了一个坚固的防御阵地。显然，要在叶尔尼亚取胜，需要进行更充分的准备工作。

对前线做了一番视察后，朱可夫雷厉风行，采取了几项措施：

1.命令第二十四集团军用各种侦察方法搞清德军的火力配置。

2. 增调 2~3 个师和炮兵部队。

3. 运送各种物资技术保障器材。

朱可夫初步确定进攻不早于 8 月后半月。为了不使德军察觉苏军的变化动向，朱可夫指示部队继续保持防御态势，并用以往惯常的方式打击敌人，掩盖即将打响的战役意图。他这样做的另一个目的是不给德军以安宁，用炮火尽可能地就地消灭其有生力量。

来到叶尔尼亚前线后，朱可夫全身心投入工作，每天工作 20 个小时，做了大量的准备工作。他不仅察看地形、熟悉部队，还亲自审问俘虏，了解德军的部署和官兵的士气，充分做到了知己知彼。德军的推进遭到阻滞后的一段时期，对德国人来说是一段犹豫不决的时期。苏联防御的顽强程度是他们没有料到的。

希特勒对于进攻列宁格勒、莫斯科或乌克兰这三个目标的先后顺序一直拿不定主意。8 月 4 日，希特勒前往中央集团军群指挥部所在地，听取了总司令博克元帅的简要报告，最终提出把列宁格勒作为主要目标。至于下一个目标是莫斯科还是乌克兰，希特勒仍然举棋不定。乌克兰的经济资源对于希特勒具有一定的吸引力。此外，他认为除掉克里米亚这个被用来攻击罗马尼亚油田的苏联"航空母舰"是十分必要的。希特勒还表示希望在冬季来临时占领莫斯科和哈尔科夫。苏军在斯摩棱斯克附近的顽强抵抗，打乱了希特勒的时间表，动摇了他早日结束这场会战的信心。

8 月 15 日，德国统帅部从中央集团军群抽出 1 个装甲师、2 个摩托化师支援北方集团军群，以对付苏军在旧鲁萨附近的猛烈反击。这样一来，德军在两个半星期之内无所作为，向莫斯科方向的推进完全停顿下来。

8月17日，预备队方面军司令员朱可夫下令向叶尔尼亚地区的德军发起进攻。战斗异常激烈，苏军和德军在所有地段同时展开激战。德军用密集的大炮和迫击炮企图压制住苏军的进攻。朱可夫毫不示弱，命令所有飞机、坦克、大炮予以还击。

在朱可夫的指挥下，第二十四集团军达到了攻占有限地盘的目标，并在进攻的整个地段上压倒了德军。德军损失惨重，不得不把2个溃不成军的装甲师、1个摩托化师和1个摩托化旅撤出防线。在这次战斗中，苏军首次使用了新型的"喀秋莎"多管火箭炮，取得了良好的战果。

德第二装甲集群司令古德里安向陆军总部建议："关于叶尔尼亚突出部，鉴于它现在已经没有意义，而且在继续造成伤亡，所以应该放弃。"然而，希特勒没有接受古德里安的这个主张。直到8月底，古德里安才接到撤出并向苏联西南方面军侧后迂回的命令。

朱可夫在获知德中央集团军群调整部署的情报后，于8月18日向斯大林做了详细的报告，摘要如下。

德军知道我军已在通往莫斯科的道路上集结了大量兵力……所以暂时放弃了对莫斯科的进攻，转入对我西方面军和预备队方面军的积极防御，而把所有的快速突击力量和坦克部队用来对西方面军、西南方面军和南方面军作战。敌方的企图可能是：粉碎西方面军，进抵切尔尼戈夫、科诺托普、普里卢基地区，从后方发动突击以粉碎西南方面军。

为了挫败这一阴谋，朱可夫建议在布良斯克地区集结一支强大的部队，用以对敌之侧翼实施突击。当天，朱可夫就收到了斯大林和总参谋长沙波什尼科夫联合署名的复电：

你关于德军可能向切尔尼戈夫、科诺托普、普里卢基方向挺进的意见，我们认为是正确的。为了预防和制止这种复杂情况的发生，已组成以叶廖缅科为首的布良斯克方面军，正在采取其他措施（另行通知）。我们坚信能够阻止德军的前进。

8月23日，德国最高统帅部做出决定，将乌克兰的基辅选定为主要攻击目标，目的是夺取资源丰富的乌克兰和克里米亚。

8月24日，由于部队伤亡严重，朱可夫下令停止"全面进攻"一天。

8月30日，苏军以第二十四集团军为主，第四十三集团军协同，从东北和东南两个方向对叶尔尼亚突出部纵深阵地实施向心突击，以迅雷不及掩耳之势，切断了德军的退路。叶尔尼亚突出部的咽喉被苏军死死掐住。

9月6日，德军残部在黑夜的掩护下，撤出了叶尔尼亚突出部。这是自从苏德战争爆发以来，德军第一次败退。他们丢下了大量伤亡人员、损坏的坦克和重武器。同一天，苏军进入叶尔尼亚城。

9月7日，苏军渡过斯特里亚纳河，与西方面军的部队会合，继续追歼败退的德军。次日，叶尔尼亚突出部对苏军的威胁彻底解除了。后来，因遭遇德军的抵抗，苏军的进攻逐渐停顿下来。

至此，叶尔尼亚突出部反击战胜利结束。在这次战役中，德军共损失了近5个师，伤亡达4.5万~4.7万人。朱可夫和他的战友们建立了令人难以置信的功绩，通过发动一系列反击，遏止了德军对莫斯科方向的攻势。否则，莫斯科很可能会像希特勒原来计划的那样，在冬季来临之前被攻陷。

叶尔尼亚反击战的意义远不止于此，它是苏德战争开始以来苏军取得的第一次重大胜利。由于叶尔尼亚战役的胜利，苏军的士气大大提高了，各部队更有信心向德军发动协同一致的更大的反击。同时苏军也学到了与德军斗争的多方面经验。事后，朱可夫曾谈起过这次反击战的心得体会："一个司令员要顺利完成被赋予的任务，究竟需要掌握哪些东西。我深刻体会到，谁能对所属部队进行良好的政治教育，善于向部队讲明战争和当前战役的目的，善于提高军队的士气，英勇作战，不畏艰险，信任部属，谁就能打胜仗。及时掌握敌军及其指挥官的弱点，看来也是获得战斗或战役胜利的一个至关重要的条件……"

◎ 要么阻敌前进，要么一起牺牲

9月9日，朱可夫正在指挥夺取斯特里亚纳河西岸登陆场的战斗，忽然接到总参谋长沙波什尼科夫的电报，命令他于20时到最高统帅部。朱可夫稍微考虑了一下，即刻给沙波什尼科夫发了一份电报："请报告最高统帅，鉴于这里的形势，我要求迟到1个小时。"

当朱可夫走进克里姆林宫时，斯大林正在吃晚饭。斯大林没有询问朱可夫为何迟到，而是向他谈起了列宁格勒目前的战局。德军已经切断了与列宁格勒所有的陆上联系，芬兰军队从北面进攻卡累利阿，德军北方集团军群第四装甲集群从正南向发起攻击。

列宁格勒的形势让斯大林深感不安，他对伏罗希洛夫在列宁格勒的表现甚为不满，尤其是昨天晚上，当他听到普斯科夫失守的消息后，心情异常沉重。

列宁格勒，原名彼得格勒，是彼得大帝于1703年建立的"西方之窗"。经过10年大兴土木，彼得格勒已具有相当规模。彼得大帝遂降旨迁都于此，

200 年来，一直是俄罗斯帝国的政治、文化中心，被著名诗人普希金喻为"通向欧洲的窗口"。200 年后的 1917 年，十月革命的第一声炮响从这里传出，此城便又成为十月革命的摇篮和第一个社会主义国家的第一个首都。虽然后来苏联迁都莫斯科，但列宁格勒仍被视为第二首都，德国自然将其列为重点打击目标。占领列宁格勒，被希特勒和他的最高统帅部视为一项"刻不容缓的任务"。

德北方集团军群的任务是歼灭波罗的海国家的苏军，与芬兰军队会师，其最终目的是攻占列宁格勒。他手下有 2 个集团军和 1 个装甲集群（第四装甲集群）及 1 个航空大队。2 个集团军分别是第十八集团军和第十六集团军，近 20 个步兵师。另有 3 个警卫师和 2 个直辖师。第四装甲集群辖第四十一、第五十六装甲军，指挥官分别是大名鼎鼎的莱因哈特和曼施坦因，共有 3 个装甲师和 3 个摩托化步兵师。第一航空大队用 400 架飞机对地面部队进行空中支援。

列宁格勒保卫战

苏军负责守卫列宁格勒以南地区的是西北方面军。司令员是库兹涅佐夫上将，辖第八、第十一和第二十七集团军；防守列宁格勒以北地区，与芬兰军队作战的是北方面军。为了协调这两个方面军的作战行动，成立了一个兼管两个方面军的西北方面军总指挥部，由伏罗希洛夫元帅任总指挥。

斯大林和伏罗希洛夫

根据战前的战略设想，本来要在边界地区顶住敌人，再把预备队开往前线，增援在边界上作战的部队。战争开始后，苏军最高统帅部认识到预备队不可能在边界附近增援，于是部分预备队被用于稳定局势和救援前方作战部队。在这种情况下，列宁格勒的军事领导机关紧急调动一切可以调动的力量，在有 300 万人口的列宁格勒城中每天动用 50 万人力，紧急围绕列宁格勒筑起了 3 道防线。

从 6 月 22 日战争爆发到 7 月上旬，德军北方集团军群虽然占领了普斯科夫，但相对于中央集群和南方集群而言，向苏联境内推进的速度不是很快，尤其是进到卢加防线后遭到苏联军民的拼死抵抗，更使德军在这条防线前面裹足不前。希特勒终于沉不住气了，7月下旬的一天晚上，他决定乘火车亲临勒布元帅的北方集团军群总司令部普斯科夫。一方面督促勒布尽快攻破防线，拿下列宁格勒；另一方面，作为征服者，他想在被占领的苏联土地上走一走，以完成十几年的夙愿。次日早上9点，勒布元帅登上了希特勒专列，向希特勒汇报战况。他刚要开口，希特勒猛地扬起手，不耐烦地说："我不要听糟糕的战局，更不想听你解释！我给了你2个集团军、1个航空队，给了你占领布尔什维克第二首都的机会和光荣，难道就是听你解释苏联人如何顽强不屈吗？法国赫赫有名的马其诺防线阻挡不了你，为什么在苏联人匆忙拼凑起来的防线面前却停滞不前？"

希特勒手指在微微颤抖，嘴唇发青，唾沫四溅，说不下去了。一阵歇斯底里之后，这位大独裁者才慢慢恢复了理智。

希特勒站在地图前，用教训的口吻说："我命令你，停止对卢加防线的正面攻击。在防线的西翼集中力量猛攻，就是在这里，诺夫哥罗德，还有这里，金吉谢普。要猛攻，明白吗？猛攻，给我狠狠地打！列宁格勒一定要在这几天给我拿下来！当然，苏联人一定拼命抵抗，但是你应该用最凶狠的打击压制他们！凶狠！凶狠！再凶狠，明白吗？！"

希特勒说完，用憎恨的目光又盯着勒布看了一会儿，转过脸去，轻声说："回去吧，做好你的工作。"

此后的3个星期里，勒布出动了29个师，1200架飞机，近1500辆坦克，1200门大炮，对卢加防线展开一次又一次的猛攻、狂炸。炮弹几乎把卢加河畔的土地翻了个底朝天，德苏双方损失惨重。这是一场硬碰硬的战斗。苏军虽然以超人的毅力弥补实力的不足，但面对人员和武器都占优势的敌人的轮番进攻，不可能无限期地坚持下去。

8月8日，德军在金吉谢普附近突破了卢加防线，4天后又在中路突破苏军阵地。此后，德军虽然向列宁格勒每前进1公里都要付出很大的代价，但仍然以每昼夜2公里的速度向前推进。1个月后，德军从三面把列宁格勒包围起来，其包围圈缩小到用大炮就能直接轰击列宁格勒市区的程度。一切迹象表明，德军即将对列宁格勒发起总攻，上到希特勒，下到每位德国士兵，都认为这是最后一次攻击了，列宁格勒唾手可得。

列宁格勒战役中的德军

生死存亡的关键时刻，斯大林想到了朱可夫，于是便叫总参谋长沙波什尼科夫发急电召回正在前线指挥作战的这员猛将。斯大林指指旁边的椅子，示意朱可夫坐下，没有开场白，单刀直入："列宁格勒的局势非常严重，我看伏罗希洛夫是无能为力了。列宁格勒绝对不能失守，所以最高统帅部决定派你到那里接替伏罗希洛夫担任总指挥。"

说道这里，斯大林停了一下，用低低的、似乎有些痛苦但又不容更改的语气说："朱可夫同志，你有两条路可选，要么阻止敌人的前进，要么……同别人一起牺牲。"

朱可夫默默地点点头，没提别的要求，只请求允许他带上几位得力的助手一同前往。

斯大林说你想带谁都可以，他走到写字台前，拿起一张字条，递给朱可夫："今晚，你就到列宁格勒，把这个字条交给伏罗希洛夫。祝你成功！"

斯大林说完，紧紧地握了握朱可夫的手。

就这样，朱可夫又一次临危受命，担当起保卫革命摇篮——列宁格勒城的任务。

◎ 让死亡惧怕列宁格勒

9月10日凌晨，朱可夫带领亲自挑选的霍津中将、费久宁斯基少将和可可佩夫少将，来到莫斯科中央机场，从这里乘专机飞往列宁格勒。

朱可夫一行来到列宁格勒的斯莫尔尼宫后，即从伏罗希洛夫手中接过指挥权。伏罗希洛夫一行则于当天回到莫斯科。朱可夫在通信兵主任的陪同下，到设在地下室里的通话所向斯大林报告完毕，便埋头研究起当前的战况。

朱可夫把军事委员会成员叫来开会。西北方面军参谋长戈罗杰茨基上校报告最新情况。朱可夫眼睛盯着地图，全神贯注地听着这位参谋长的报告。戈罗杰茨基有些紧张，不时地用手指擦擦额头上的汗，讲得很吃力。他接任参谋长一职刚刚几天，许多情况他也是刚刚了解到，还来不及做出分析。他报告说，在列宁格勒南方，新组建的第四十二集团军和第五十五集团军经过几天苦战，阻挡不住敌人的进攻，撤到了普耳科沃高地一线，这里离列宁格勒只有几公里；在北面，芬兰军队突入并切断了卡累利阿地峡，已构成对列宁格勒的威胁；在西面，整个波罗的海沿岸被德军和芬兰军队占领，只有东面通过拉多加湖与苏联其他地区保持联系。但是，由于德军拥有制空权，所以仅剩下的这条通道能维持多久还是个问题……

朱可夫同助手们彻夜研究战场形势，讨论如何进一步动员一切人力和物力来保卫列宁格勒。经过讨论，精心制订了一个加强列宁格勒城防的计划。这一计划体现了朱可夫敏锐的观察力和领导艺术，其内容可概括为以下5条：

第一，从市区防空部门撤出部分高射炮，将其配置在列宁格勒最危险的防御地段，进行直接瞄准射击，以加强其对坦克的防御。

第二，集中全部炮火支援乌里茨克—普尔科夫高地地段的第四十二集团军。

第三，各要害方向尽快着手建立纵深梯次防御，埋设地雷，并在部分地区架设电网。

第四，从卡累利阿地峡抽调第二十三集团军部分兵力增援第四十二集团军，目的是加强乌里茨克地区的防御。

第五，以波罗的海红旗舰队水兵、列宁格勒各军事院校和内务人民委员部人员组建5～6个独立步兵旅，组建时间控制在6～8天。

朱可夫强调："应为第四十二集团军补充兵力，他们防守的普耳科沃和乌里茨克方向是全线的防御重点。我命令，马上从第二十三集团军抽调一部分兵力给第四十二集团军，请马上执行！"

参谋长戈罗杰茨基记下朱可夫的命令，有点犹豫地轻声说："可是，司令员同志，第二十三集团军防守的卡累利阿地峡压力也很大啊，这样一来，会削弱那个地段的防守力量……"

"废话少说，执行命令！"朱可夫打断参谋长的话，"这连一个普通作战参谋都明白，每一次调动部队都是削弱一个地段，加强另一个地段！今天普耳科沃、乌里茨克是最危险的地段，不加强这里加强哪儿？如果以后卡累利阿地峡成了重点，那时再派部队去加强它！"

"还等什么！马上执行命令！"朱可夫看到戈罗杰茨基仍迟疑地站着没动，便大声命令道。戈罗杰茨基正要转身出去，朱可夫突然说："下达命令后，把你的工作跟霍津中将交代一下，我将任命他接任参谋长一职。"

"还有，"朱可夫继续说，"费久宁斯基少将任方面军副司令员，他现在已到普耳科沃高地了解情况。如果有必要，他将接替伊凡诺夫将军第四十二集团军的指挥权。有不同意见吗？"说着，环视了一下军事委员成员，众人有的点头，有的沉默不语。朱可夫双手一撑桌子，站起身来："就这样了！"说完，迈开大步走了出去。

从10日晚至11日晨，朱可夫都在与大家研究当前局势和保卫列宁格勒的防御计划，但是有一点他不容任何质疑就确定下来了，即要考虑的不是城市陷落时的非常措施，而是如何确保列宁格勒不落入敌手。为此，朱可夫提出了响亮的口号："不是列宁格勒惧怕死亡，而是死亡惧怕列宁格勒！"

9月11日，最高统帅部正式签发了任命朱可夫为列宁格勒方面军司令员的命令。同时，霍津中将被任命为方面军参谋长，费久宁斯基少将接任第四十二集团军司令员。朱可夫立即展开工作，采取一切必要措施来恢复列宁格勒的防御，在一切问题上毫不留情，不管这样做会得罪谁，坚持撤换了重要岗位上的人员。

朱可夫夜以继日地工作，他刚毅果断、沉着冷静的作风感染了周围许多人。在他严厉甚至近乎粗暴的督促下，短短几天，在原有的基础上，在列宁格勒近郊迅速形成了一道新的防线。这道防线北起芬兰湾斯特列尔纳附近，经西南的乌里茨克、正南的普耳科沃、东南的科尔皮诺，然后沿涅瓦河到拉多加湖西岸的什利谢尔堡。苏德双方在这条防线上，拉锯般地展开残酷的浴血争夺。果然不出朱可夫所料，敌人把主攻方向放在乌里茨克和普耳科沃一带，而这里也正是由刚接替伊凡诺夫的费久宁斯基指挥的第四十二集团军防守地段。

9月13日，德军2个步兵师、1个坦克师和1个摩托化装甲师突破苏军防线，占领了康斯坦丁诺夫卡、索斯诺夫卡和芬兰科伊洛沃，向乌里茨克推进。次日早晨，在进行短促而猛烈的炮火准备之后，步兵第十师与友邻兵团协同，在航空兵支援下，对德军实施迅猛的突击。经过激烈战斗，恢复了原防御态势，给德军以重大打击，迫使其放弃了索斯诺夫卡和芬兰科伊洛沃。

同一天，另一部德军进抵苏联民兵第五师占据的普尔科沃高地。在此之前，苏军已经将堑坡和火力点修筑完毕。可是，位于戈列洛沃车站地区的普尔科沃右翼阵地，已经于13日落入德军手中。民兵们冲进了车站想固守，可是当天下午即遭到德军第四十一机械化军的步兵师和坦克师的进攻，车站再度落入敌手。一小时后，民兵第五师发动反击，又夺回了戈列洛沃车站。列宁格勒南面的筑垒地带大多都被突破，冲在最前边的德军装甲部队已进抵离城市不到12公里的地方。

◎ 这个消息刺激了他

9 月 15 日，苏德双方在乌里茨克的争夺更加激烈，许多阵地在一天之中来回易手。德军明显感受到了苏军的强大压力。晚上 8 时左右，德第十八集团军在斯特列尔纳和乌里茨克之间突入芬兰湾，把苏军第八集团军与列宁格勒隔开。这样，苏军就只剩下第四十二和第五十五集团军守卫列宁格勒了。德国最高统帅部命令第十八、第十六集团军发动钳形攻势，其中 8 个师对付第四十二集团军，3 个师对付第五十五集团军。至此，德军已经创造了近距离围攻城市的必要条件。

危急关头，朱可夫精心拟订的加强该城防御的计划发挥了极大威力。他的指导思想是使用空军和炮火突击德军，以阻止他们突破苏军防御。在 9 月 18 日前，组建 5 个步兵旅和 2 个步兵师，为列宁格勒近距离防御的 4 条防线配备兵力；使用第八集团军突击德军的侧翼和后方，并解放穆加和施吕塞尔堡。这项计划要求动员这个地区的一切人力、物力，包括方面军部队、列宁格勒市民以及苏联海军，来加强预备队，扩大防御纵深。

　　朱可夫计划在第四十二集团军的防区建立一道防线，以此来阻止德军强攻列宁格勒。他非常倚重海岸炮兵和波罗的海海军舰船的火力，因为随着战线缩小和越来越靠近海洋，它们将发挥更大的威力。

　　9月16日，为了防止德军通过乌里茨克向列宁格勒突破，朱可夫临时组织了2个民兵师，以及由水兵、防空军人员组成的2个步枪旅，火速增援第四十二集团军。这些部队布置在第四十二集团军防线后面，从芬兰湾沿岸经利戈沃、肉类联合加工厂、雷巴茨科一直到涅瓦河。朱可夫命令各部队未经方面军司令部特别批准，不得从这条防线后撤。就这样，朱可夫建立起一支强大的第2梯队，建立了有效的防御纵深。然而，在德军强大的攻势下，第四十二集团军和临时组织的军队能否抵挡得住，朱可夫也没底。已经到了十分危急的关头，朱可夫和高级将领们面临着巨大的压力。在紧张的气氛中，朱可夫显得态度生硬、烦躁，对军官特别是中高级军官极为严厉，不过对士兵们则比较友好。

　　同一天，德军部分装甲部队和摩托化部队开始调往中央集团军群，准备执行即将开始的进攻莫斯科的"台风"行动。这时，德军似乎已经胜利在望。当德军接近沃洛达尔斯克和乌里茨克时，朱可夫发现进攻中的德军左翼延伸很长，兵力松散，于是决定用第八集团军组成反突击集团。这个集团军被德军从列宁格勒城隔开，这时正好可以从其侧翼实施反突击。朱可夫迅速把第十、第十一、第一二五和第一六八步兵师以及民兵第三师集结起来。通过内部调整部署，建立起一支强有力的突击力量，同时重新编成了自己的预备队。

　　9月17日，德军6个师在北方集团军群空军联队的支援下，企图从南面突破列宁格勒。朱可夫命令继续进行反击，指示第八集团军司令员收复沃洛达尔斯克居民点，并突击红村方向。第五十五集团军受命把德军从斯卢茨克和普希金公园赶出去。第四十二集团军则要扩大其在乌里茨克地区的战果，同时守住靠近天文台的普尔科沃阵地的中段。

然而，第四十二集团军未能守住乌里茨克。9 月 18 日傍晚，该地再次为德军所占领。双方继续进行着极其残酷的战斗。到 9 月 23 日，可以明显看出德军进攻普尔科沃这个方向的突击力量大大减弱了，因为只有 20 辆坦克参加进攻。第四十二集团军成功打退了德军的继续进攻。

如此一来，德军企图在 9 月下旬通过乌里茨克或普尔科沃高地到达列宁格勒的计划破产了。第四十二集团军在利戈沃、下科伊罗沃和普尔科沃一线巩固住了。德军进攻兵力至此已消耗大半，并且由于从列宁格勒地区调走了一些部队，进攻力量进一步被削弱。

9 月 22 日，德国海军司令部发布了"关于彼得堡市的前途"的元首秘密指令，决定通过封锁、连续空袭和炮击，把列宁格勒夷为平地，如苏军要求投降，则断然拒绝。德国海军一向奉希特勒为"神明"，接到命令后，开始不折不扣地实施这一计划，连续不断地对列宁格勒进行炮击和空中轰炸。9 月，德军进行了 23 次大规模空袭，且大多是在白天进行的。特别是 19 日和 27 日的轰炸尤为猛烈，分别出动了 180 架和 200 架飞机，列宁格勒上空火光冲天。

列宁格勒的保卫者们顶住了德军的疯狂空袭，却面临着极其困难的局面：给养严重缺乏。由于处在德军连续不断的炮火和空中轰炸之下，为这座城市输送给养的唯一动脉——经由拉多加湖的交通线，遭到部分破坏，只能部分满足被围部队和居民们的需要。

德军围困下的列宁格勒

　　尽管面临的问题很多，但在朱可夫的领导下，苏军官兵和列宁格勒市民同仇敌忾，并肩协力，在城南、东南及北部接近地上建立起周密的防区，包括主要防御地带、次要防御地带以及一系列堑壕阵地和筑垒地域。在第二十三、第四十二、第五十五集团军和涅瓦河集群负责防御的地段，以及最靠近城市的地区，都修筑了大量工事，这些工事对于保卫列宁格勒具有重大的意义。

　　朱可夫将防坦克阵地分布在整个防御纵深内。到 1941 年 11 月，在第四十二集团军的防区内，设置了 41 个防坦克阵地区域。为了确保坦克的效能，朱可夫配置了若干门防坦克炮担任掩护，其平均密度是每公里正面拥有 20 门炮。

　　为了加强防御，朱可夫把全城分为 6 个防御地段。每个地段都建立了以营防御区为基础的坚固阵地，在这些地段内共建立了99个营防御区。朱可夫强调必须在全城设置路障，并命令在路障前面挖掘防坦克壕。为了完成这些任务，平均每天有4500人参加工事的修筑，主要是由妇女来完成，因为成年男子都开赴前线去了。

朱可夫不仅注重陆地防御，对空防也很重视。当时，希特勒已经把空降兵调到列宁格勒。为了保卫城市免遭空降兵的攻击，朱可夫组织了对空降兵的有效防御：主要是把工人民兵小组、军事化的消防小组以及共青团支队组织起来，把所有防空武器分别布置在城市的接近地；有的炮兵部队甚至部署在芬兰湾里的平底船上。

为了迷惑德军的轰炸机，给其行动造成障碍，朱可夫还在列宁格勒上空放置了阻塞气球。

与此同时，朱可夫还做了最坏的打算，就是德军突入列宁格勒城后的应变措施，即在工厂、桥梁和公共建筑物内部安放地雷。德军一旦突入城内，就把这些建筑物连同入侵者一起炸掉。朱可夫还给居民发放了武器弹药，届时将组织老百姓展开巷战，以住宅建筑物为掩体来打击敌人。由于朱可夫和他的司令部人员的成功组织，在市民们中间做了大量的组织工作，实际上已将这座城市变成了一座坚不可摧的堡垒。

朱可夫的以上努力，收到了良好的效果。在他的指挥下，苏军在如此困难的情况下英勇作战，一次又一次地把德军击退到他们的出发阵地。到9月底，由于遇到苏联军队的顽强抵抗和有效防御，德军的进攻力量逐渐衰竭，被迫挖掘工事来据守包围圈。朱可夫率部稳住了列宁格勒南部接近地的战线。

朱可夫指挥列宁格勒方面军打退了德军迂回普耳科沃高地的进攻后，正全神贯注地分析着勒布下一步还会采取什么行动。忽然，方面军侦察处处长叶夫斯季格涅耶夫走了进来，他看到朱可夫眼睛并没有离开地图，也没有要与他打招呼的意思，犹豫了一下，似乎想说什么，又怕打断了司令员的思路，站了一会儿，轻轻地走到朱可夫身旁说："司令员同志，有个情报我认为很重要，必须现在报告。"

朱可夫仍然盯着地图，嘴里蹦出一个字："讲。"

"据我们的侦察小组报告，德军两支装甲部队昨天夜里隐蔽撤出阵地，沿姆加至莫斯科铁路线向莫斯科方向开去。"

侦察处长开始说的时候，朱可夫俯身在地图上似乎没在听，但是讲到"隐蔽撤出阵地"时，朱可夫身子虽没动，可眼睛一翻，目光已跃出地图，看着桌沿，显然这个消息刺激了他。

当侦查处长最后一句话刚说完，朱可夫"呼"地一转头，目光咄咄逼人，语气更加严厉："什么？这不可能！勒布正准备对我们发起新的进攻，怎么会调走部队？！你们是不是听信了间谍分子的谣言？要不就是你手下的人中有帮着德国人干活的！这可能是勒布的声东击西之计，他想麻痹我们，知道吗？！"

叶夫斯季格涅耶夫深知朱可夫的脾气，但还是忍不住要申辩，他刚说了一句，就被朱可夫打断了："行了，现在不是申辩的时候，赶紧再去侦察，核实了再来告诉我，否则，我送你上军事法庭！"

当叶夫斯季格涅耶夫再次来向朱可夫报告情况的时候，朱可夫已经不看地图了，没等侦察处长开口，便问道："核对了？属实？"

"属实。"叶夫斯季格涅耶夫毫不犹豫地回答。

"那就是说，勒布这个老家伙已经没有力量发动进攻了！可是，他们去了莫斯科，这可不是什么好兆头。"朱可夫说着，大步走到门口，侦察处长知道他要去向莫斯科报告。

　　朱可夫分析得没错，希特勒下令执行"台风"行动——进攻莫斯科！

　　在希特勒的头脑中，征服苏联的战争似乎要结束了。古德里安正在逼近奥廖尔，博克的几个军把猎获物在维亚济马和布良斯克拖上来，里面又装上了 67 万俘虏。在亚速夫海，龙德施泰特消灭了苏军第十八集团军，又抓了10 万余俘虏。在莫斯科前沿的铁木辛哥好像尚未意识到他的军团将遇到什么厄运——他们有的在进攻，有的在撤退，而就在这时，博克的大网越拉越紧。希特勒处心积虑要把厄运降落在莫斯科头上，如今又确实像一群饿狼一样疯狂地扑过来。

◎ 莫斯科需要朱可夫

　　10月5日晚，当朱可夫在列宁格勒的斯莫尔尼宫正准备给斯大林打电话，报告德北方集团军群撤出装甲部队扑向莫斯科的消息时，在楼道里碰到了通信部主任。主任告诉他，斯大林让他一小时后听电话。利用这段时间，朱可夫对列宁格勒周围的局势做了一番分析，包括对今后形势的看法，准备向最高统帅报告。他认为这是斯大林急于了解的。令朱可夫没有想到的是，当他接到最高统帅的电话时，斯大林却让他即刻动身回莫斯科。

　　一个小时刚过，斯大林的电话就打来了，他简要询问了列宁格勒的情况。朱可夫报告说德军已停止进攻，现已转入防御。不过，城市仍在遭受德军炮击和空袭……苏军的空中侦察发现德军机械化和坦克纵队正从列宁格勒向南大规模运动，德军指挥部显然正在把这些部队调往莫斯科。

　　听了朱可夫的报告后，斯大林沉默了一会儿，然后说，在莫斯科方向，特别是西方面军的局势非常严重。斯大林说："朱可夫同志，请立即乘专机来莫斯科，这边情况相当严重，最高统帅部想和你商谈必要的措施。你的职务由霍津接任。"

朱可夫听说莫斯科形势非常严重，看来列宁格勒这边的情况是来不及报告了，于是马上说："请允许我 10 月 6 日早晨起飞，霍津不在列宁格勒，建议由费久宁斯基接替我的职务。"

"好。明天见。"斯大林说完便挂断了电话。

后来，由于 10 月 5 日晚，第五十四集团军防御地段出现特殊情况，朱可夫未能在 6 日早晨起程。

10 月 6 日傍晚，斯大林再次亲自打电话给朱可夫："让霍津将军或者费久宁斯基接替你的工作，你马上乘飞机来莫斯科一趟。"

朱可夫打电话给第四十二集团军司令员费久宁斯基："费久宁斯基同志，你没忘记你是我的副手吧？"朱可夫问自己的朋友，"你马上过来一趟！"

费久宁斯基很快来到斯莫尔尼宫。朱可夫对费久宁斯基说道："今后由你接替我的工作，来指挥列宁格勒方面军。你对一切都很清楚，用不着再向你介绍什么情况。我要立刻到莫斯科去。"

朱可夫同列宁格勒方面军军事委员会委员们告别后，乘机飞往莫斯科。保卫莫斯科的会战已在进行中，而朱可夫将在这次会战中发挥重要作用。

10 月 7 日，朱可夫到了莫斯科，斯大林的卫队长到机场迎接，并告诉他，最高统帅病了，在他的住所里工作。于是，朱可夫一行直接到那里去。斯大林正在等他，像见到任何一位熟人一样，斯大林只是点点头作为对他问好的回答，然后站在地图旁进入正题。

"朱可夫同志，莫斯科的情况非常糟糕。"斯大林边把朱可夫引到地图前边说。朱可夫看到桌上放着标有西方面军、预备队方面军和布良斯克方面军情况的地图。

斯大林指着西方面军的地图说："看来，他们已经在这个方面上行动了。地图上标出的情况就已经这样了，而实际情况只能比这更坏。问题的严重性还在于，目前我们与西方面军失去了联系，无法得到前线真实情况的详细报告，对德军进攻的地区和部署、我国的状况都不能及时了解，这将妨碍我们的判断，迟缓我们的行动。"

斯大林停顿了一下，并慢慢走到写字台前，顺手点燃烟斗，刚吸了一口，就从嘴里抽出来，没看站在身后的朱可夫，说："形势不等人，你现在马上到沙波什尼科夫那里去，他已经给你准备好西方面军的地图了，一分钟也不要耽搁，立即到西方面军司令部去。"

斯大林转过身，直视着朱可夫的眼睛，加重语气："把真实情况搞清楚，即刻打电话告诉我，任何时候都可以打！"

朱可夫两脚跟用力一磕："是，斯大林同志，我可以走了吗？"

斯大林点点头，两鬓花白的头发，眼角上、额头上密密的皱纹，在近处看得相当清楚。朱可夫一下子觉得，仅仅一个多月，最高统帅就苍老了许多。

告别了斯大林，朱可夫来到总参谋长沙波什尼科夫那里。沙波什尼科夫告诉他："最高统帅命令为你准备的西部方向的地图马上拿来。"他详细介绍了莫斯科方向的情况后，传达了最高统帅部的命令。

预备队方面军司令员、西方面军司令员：

根据最高统帅部的命令，兹派朱可夫大将到你作战地区为最高统帅部代表。最高统帅部希望你们向朱可夫同志介绍情况。今后，朱可夫同志有关各方面军部队使用和指挥问题的一切决定，必须执行。

受最高统帅部的委托

总参谋长沙波什尼科夫

1941 年 10 月 6 日 19 时 30 分

编号 2684

沙波什尼科夫给朱可夫倒了一杯浓茶提神。朱可夫一边用鼻子嗅着浓烈的茶香，一边关切地盯着这位颧骨高凸、眼窝深陷的总参谋长，问道："你脸色不大好，鲍里斯·米哈伊诺维奇同志，身体不舒服吗？"

"太累了……有时真想好好睡上一觉，就四五个小时，不要有任何报告、电话来打扰……"沙波什尼科夫双手抚腮，喃喃地说。

"觉恐怕要等到胜利以后再补了。"朱可夫既是安慰这位总参谋长，又好像是说给自己听。

朱可夫来到西方面军司令部时已是夜间。方面军司令员科涅夫和军事委员、参谋长和作战部长等人，正在几支蜡烛的昏暗的亮光下开会，尽管房间很暗，朱可夫还是能看见大家脸上的紧张神情。朱可夫说明了斯大林派他来的用意。参谋长马兰金中将立即向朱可夫介绍了战况。

马兰金的第一句话就让朱可夫暗吃一惊，他说："我军设置的勒热夫—维亚济马防线已于 6 天以前，即 10 月 2 日被德军突破。昨天传来消息，我西方面军第十九、第二十集团军和预备队方面军第二十四、第三十二集团军在维亚济马地区陷入合围。"

"怎么又是陷入合围？"朱可夫心里在想，嘴上没说，身子不由得靠近地图。在场的人尽管谁都没有解释造成 4 个集团军被全围于维亚济马的原因，但是朱可夫从地图上一看，心里全明白了：西方面军和预备队方面军的领导们与原西北方面军的领导们在卢加防线上犯了同样的错误。他们都没有及时、准确地判断出德军的主要突击方向，甚至根本就没有试图去判断，而是平均部署力量，处处设防。

勒热夫—维亚济马防线从勒热夫以北，经过维亚济马，南到布良斯克以北，纵贯南北，犹如在莫斯科正西距它 300 公里拉起一道绵亘 400 公里的巨大屏风。这么宽大的正面，平均部署本来就不富余的兵力，这样面对德军强大的突击集团形不成拳头，而像五指伸开的手掌，在局部力量对比上，处于明显的劣势，这怎么能挡住强大的德军？既然挡不住，又缺少快速撤出部队的时间和手段，因此不可避免地陷入了合围的境地。

两翼突破，分割包围，是希特勒和他的将军们惯用的战术，已经使用许多次了，而且屡试不爽。苏军平均部署力量，不善于判断德军的主攻方向，这是苏军用许多鲜血和生命换来的教训，为什么就是不吸取呢？难道这样的悲剧非要在每条战线上重演一遍吗？

朱可夫心里很恼火，真想把这番话说出来，但终于忍住了。因为他意识到自己现在的身份不同于去列宁格勒的时候。那时候，他兜里装着最高统帅的任命，他一去就是方面军的司令员。而现在，他只是最高统帅部派来的代表，职责是了解情况并且上报最高统帅。但是，他心里更明白：勒热夫—维亚济马防线是抵挡德军冲向莫斯科的第一道防线。现在，这道屏障不仅被多次突破，而且更严重的是竟然有 4 个集团军被德军合围在防线中央的维亚济马。如果这 4 个集团军被消灭，那么德军就可以用最短的距离直扑莫斯科了。

苏联红军在莫斯科边上的村庄发现一个关押苏联战俘的战俘营

朱可夫想到这儿，眉头拧成一个疙瘩，忍不住问道："两翼的情况怎么样？"

"很严重，"马兰金指着地图说，"右翼加里宁方向，德军对我预备队方面军的防线施加了很大的压力。在司切夫卡至格道茨克一线，我军已被迫后撤。左翼布良斯克方向，第三和第十三集团军面临被合围的危险。"

听到这里，朱可夫知道，现在的勒热夫—维亚济马防线已经没什么意义了。唯一的指望是下一道防线——莫扎伊斯克防线了。

莫扎伊斯克防线距离莫斯科 150 公里，位于勒热夫—维亚济马防线和莫斯科中间，300 公里长的防线上，不仅兵力单薄，而且修筑阵地的工作还没有完成。

朱可夫在向斯大林汇报情况时，着重讲道："现在主要的危险是莫扎伊斯克防线的掩护兵力薄弱。敌人的装甲坦克兵可能突然出现在莫斯科附近。因此，应尽快设法从别处抽调部队增强莫扎伊斯克防线。"

汇报一结束，朱可夫又立即请示去预备队方面军找布琼尼元帅了解情况。

10 月 8 日拂晓，朱可夫来到距莫斯科 50 公里的奥布宁斯克车站。他看见两名通信兵拉着电线从普罗特瓦河桥上走过来，问他们往哪里拉线，他们的回答很唐突。一个战士冷冷地说："命令我们给哪里拉，就给哪里拉。"

朱可夫不得不说出自己的姓名，并讲明要找预备队方面军司令部。

这时，那个拉电线的战士有些不好意思地说："大将同志，请原谅，我们不认识您。您已经走过了方面军司令部。它在两个小时以前从这里转移到那边的林子里去了，就在那边山上，离这里只有 100 多米远。到那里警卫人员会告诉您往哪里走。"

朱可夫一走进林子，便看到一位戴着坦克帽、穿着蓝工作服的坦克部队军官正坐在树墩上。这位军官看见朱可夫走过来，站起来大声说："朱可夫同志，最高统帅部预备队坦克旅旅长特罗茨基上校向您报告！"朱可夫很高兴见到这位老朋友。原来，早在 1939 年，朱可夫就曾和特罗茨基一起在哈勒欣河作战，朱可夫对这位干练的军官十分了解。通过交谈，朱可夫得知尤赫诺夫虽已落入德军之手，但他们通向莫斯科的道路却被匆忙调集来的部队所堵塞，苏军正死守乌格尔河一线。

朱可夫让特罗茨基派联络官向布琼尼汇报情况，让这个旅一部分向前展开，组织防御，掩护通往美登的道路。朱可夫还批示上校把给他的这道命令通过预备队方面军通知总参谋部，并告诉他们他准备到卡卢加去找近卫步兵第五师。

与此同时，在位于克拉斯诺维多夫的西方面军司令部里，莫洛托夫、伏罗希洛夫、华西列夫斯基、布尔加宁和科涅夫正在召开国防委员会，讨论局势。大家对莫斯科附近出现的困难而又危险的局势极为忧虑，最后得出结论：西方面军和预备队方面军应立即合并，改组为西方面军，并向斯大林建议任命朱可夫为司令员。最高统帅部同意了这个建议，并发给朱可夫一份电报：“最高统帅命令你前往西方面军司令部，并任命你为西方面军司令员。”

朱可夫经过实地了解和勘察，现在情况进一步明朗。到德国军队在莫斯科附近开始进攻的时候，苏军担任首都接近地防御的有 3 个方面军：西方面军，司令员是科涅夫上将；预备队方面军，司令员是布琼尼元帅；布良斯克方面军，司令员是叶廖缅科中将。截至 10 月初，3 个方面军的作战部队共有约 125 万人，990 辆坦克，7600 门火炮和迫击炮，677 架飞机。德军方面兵力超过苏联 3 个方面军的总和，部队超过 0.4 倍，坦克超过 0.7 倍，各种火炮和迫击炮超过 0.8 倍，飞机超过 1 倍。

10 月 10 日，斯大林亲自给朱可夫打来电话，正式通知他最高统帅部决定任命他为西方面军司令员，这距离他在列宁格勒就任类似职务才整整一个月时间。

“朱可夫同志，赶快把一切抓起来！努力吧！”斯大林以命令的口气在电话中大声鼓励道。

“我马上着手执行您的指示，但请求尽快往这里调派更多的预备队，因为德军很快就会加大对莫斯科的攻击。”朱可夫斩钉截铁地说道。

德军围攻莫斯科

朱可夫很快便接到了最高统帅部于 10 月 10 日 17 时发布的命令：

1. 西方面军和预备队方面军合并为西方面军。

2. 任命朱可夫同志为西方面军司令员。

3. 任命科涅夫同志为西方面军副司令员。

4. 任命布尔加宁同志、霍赫洛夫同志和克鲁格洛夫同志为西方面军军事委员会委员。

5. 朱可夫同志于 1941 年 10 月 11 日 18 时开始指挥西方面军。

6. 撤销预备队方面军机关，用以补充西方面军和莫斯科战线的预备队。

接到命令后报告。

最高统帅部

斯大林

沙波什尼科夫

第二十八 44 号

　　朱可夫第三次临危受命，立即前往西方面军司令部执行新任务——保卫首都莫斯科。西方面军司令部临时设在几个帐篷里，显得非常简陋。朱可夫走进帐篷，迅速投入了战役的组织工作，以他特有的干劲开始了新的使命。

　　问题很明显，大敌当前，必须科学地使用有限的人力和物力，必须加强部队的统一指挥和密切配合。于是，朱可夫同科涅夫和参谋长李科洛夫斯基一起开会决定，一致同意把方面军司令部迁到阿拉比诺。科涅夫带人前往加里宁，协调那个极其重要方向上的各支部队的行动。朱可夫同军事委员布尔加宁一同前往莫扎伊斯克，现场视察防御情况。

第四章　红场大阅兵

　　斯大林频频举手向受阅的方队致
意，默默地目送从眼前走过并消失在远
方的队伍，可以感受到在他冷峻的外表
下，一团火在心中燃烧，他已经意识到
即将来临的殊死战斗。

◎ 危险与日俱增

朱可夫接任西方面军司令员后，苏联最高统帅部从远东和友邻方面军向莫扎伊斯克防线提供了大量的增援部队。调到西方面军来的共有 14 个步兵师、16 个坦克旅、40 多个炮兵团及其他部队，重新组建了第十六、第五、第四十三和第四十九集团军，到 10 月中旬大约有 9 万人。朱可夫知道仅凭这点兵力要建立一条坚不可摧的防御战线仍然很难，但是最高统帅部已尽了最大努力，只能好钢用在刀刃上了。

朱可夫决定先占领沃洛科拉姆斯克、莫扎伊斯克、小雅罗斯拉韦茨和卡卢加等几个最主要的方向，炮兵和防坦克兵器的主力也集中在这些方向上。为了增大防御纵深，在西方面军第一梯队的后方完成了大量的工程作业，在所有坦克危险方向上设置了反坦克障碍物，方面军预备队也调到主要方向。

为削弱德国空军力量，苏军航空兵遵照最高统帅部的命令，于 10 月 11 和 12 日对德军机场实施了空袭。方面军司令部很快就转移到佩尔胡什科沃，并由此地向方面军地面部队和空军部队架设了电话电报线，将最高统帅部的电话线也拉到了该处。朱可夫把最有经验的将领安排去负责防守通往莫斯科各主要方向地段。朱可夫对这些将领是完全信赖的，相信他们一定能竭尽全力阻止德军突入莫斯科。

这等于是重建了西方面军，其担负的历史使命是防守首都。为此，西方面军军事委员会发表了告军队书。

同志们！

当祖国面临生死存亡的危机关头，军人的生命应该属于祖国。祖国要求每一个人贡献最大的力量，发扬英雄主义和坚韧不拔的精神。祖国号召我们成为难以撼动的铜墙铁壁，堵住法西斯匪徒进攻莫斯科的道路。当前比以往任何时候都需要加强警惕性，钢铁般的纪律，坚决果断的行动，必胜的信心以及随时准备牺牲的精神。

与此同时，德军调整了部署，向莫斯科重新发起猛攻。朱可夫和西方面军司令部牢牢掌握着部队，一旦出现险情，即可做出闪电般的行动；一旦战场出现转机，即可给德军以强有力的打击。

10月13日，苏军 T-34 型和 KB 型坦克在博罗夫斯克城下摧毁了德军反坦克炮兵阵地。随后，双方展开了反复争夺。德军付出了巨大代价，最后还出动了俯冲轰炸机，才勉强夺回原来的阵地。同日，朱可夫指挥的守卫部队被迫放弃卡卢加，在通往莫斯科的所有主要道路上展开了血战。

按照苏军西方面军军委会的决定，在莫扎伊斯克防线后方修筑一条主要防线，它经过新扎维多夫斯克—克林—伊斯特林斯克水库—伊斯特林—克拉斯诺亚帕赫拉—谢尔普霍夫和阿列克辛。另一条防线直接环绕郊区。这一工程浩大的防御工事的修筑是由苏共莫斯科市委组织的。市委书记切尔诺乌索夫指出："莫斯科人在修筑防线中表现出的献身精神确实具有广泛的群众性。60万莫斯科市和莫斯科州居民（四分之三为妇女）在严寒中，冒着敌人的炮火，修筑了700公里长的反坦克壕沟，3800个临时火力点和固定火力点。"

在第一梯队后面，苏军的工程兵沿着坦克最可能逼近的道路构筑了障碍物和防坦克防御工事，预备队也沿着主要方向往前调动。方面军司令部再次转移——由阿拉比诺迁到了佩尔胡什科沃。

朱可夫认为把西方面军的全部兵力从莫日艾斯克一线撤出，在这条新防线上重新部署比较有利。在这个作战建议中，朱可夫想到了最坏的可能，即便苏军不能在莫日艾斯克阻挡住德军，还可以在有充分准备的新防线上坚决有效地阻滞德军。为了保证军事运输的畅通，任何其他车辆不许直接开往莫斯科，就是路过也不行。

这项建议由方面军司令员朱可夫、方面军军事委员布尔加宁和参谋长索科洛夫斯基于19日联合签署，并作为密件下发各集团军司令部，由他们补充相关细节，最后呈送苏军最高统帅部。统帅部当天就批准了。

自10月13日起，在通向莫斯科的所有重要作战方向都展开了激烈的战斗。尤其是在诺沃扎维多夫斯基—克林—伊斯特拉水库—伊斯特拉—红帕赫拉—谢尔普霍夫—阿列克辛这一条主要防线上，战斗更为激烈。

德军第十三集团军沿着塔鲁萨方向发动进攻，占领了塔鲁萨和阿列克辛这两个市镇，在图拉以北形成了一个包围圈。随着德军压力逐渐增大，苏联西方面军被迫后撤，放弃了莫日艾斯克防御地带的主要防线，莫斯科面临的危险与日俱增。

德军最高统帅部大本营正在最后完成"东方总体规划"——德意志在东方的殖民方案。德国的宣传机构宣称德军已兵临莫斯科城下，苏联的灭亡指日可待。

◎ "喀秋莎"发威

博罗季诺，距莫斯科120多公里，这个地方是个古战场。早在1812年拿破仑大军进犯莫斯科时，库图佐夫曾率军在此地与法军决战。当时俄法两军20万人杀得昏天黑地，血流成河，俄军守住了阵地，给法军以重创。谁能想到，130年后，库图佐夫的后代又会在这里再次坚守祖先战斗过的地方，与入侵者展开一场恶战。

坚守博罗季诺阵地的是波洛苏欣指挥的第三十二步兵师。由莫斯科"镰刀锤子"工厂的工人组成的3个民兵营和1个减员严重的坦克营也归波洛苏欣指挥。第三十二步兵师刚刚从远东军区日夜兼程赶来，齐装满员，生气勃勃。

波洛苏欣让坦克营的18辆坦克隐蔽在阵地左侧的一个小树林里，准备出其不意地进攻德军侧翼，留下民兵营作为预备队。布置停当后，就听一阵马达轰鸣声由远而近，转眼间几架"美塞什密特"轰炸机几乎擦着树梢，呼啸着从阵地上掠过，四周立即传来震耳欲聋的爆炸声。波洛苏欣举起望远镜一看，只见远处尘土飞扬，画有铁十字符号的坦克群在前面开路，装甲车紧随其后，三轮摩托掺杂其间，滚滚而来。波洛苏欣大声告诉通信员："德国法西斯来了，告诉炮兵团长，瞄准了给我集中射击！"

炮兵阵地。团长姆拉采夫迅速定好标尺，下达了射击命令，反坦克炮一阵集束射击，立即有几辆德国坦克起火不动了，但大多数仍旧全速冲击。几发炮弹落在炮兵阵地上，阵地与师指挥所和各炮位的电话线被炸断了。

德军队形中也有几辆装甲车中弹起火，坐在车里的德国兵，大叫着从浓烟中钻出来，向后奔逃；苏军阵地，几个跃出掩体传达命令的士兵被弹片击中，扑倒在地。这时，有辆德军坦克冲到了苏军阵地前沿。同时，波洛苏欣从观察所中发现，在炮火拦截下，德军殿后的装甲车和摩托车与开路的坦克部队之间距离拉大了，德军的主要部队现在失去了坦克的掩护，暴露出了侧翼。于是他一面下令组织力量干掉冲到阵地前沿的坦克，一面冲着通信兵大喊："德国人侧翼暴露了，命令坦克营，出击！"

隐蔽在小树林的苏军坦克手们早就等得不耐烦了，接到命令，马上全速开动，如猛虎般扑向德军。

德军被突如其来的苏军坦克打了个措手不及，队形被拦腰切断。有的掉头向后，躲避炮火；有的忙中出错，不是熄火抛锚，就是撞在一起，整个战斗队形乱成一锅粥。苏军坦克兵乘机扩大战果，又摧毁了几辆装甲车。坦克营长刚要命令追击，忽然觉得坦克随着四周的土地不断地跳动，经验告诉他：这是敌人用重炮或是飞机投弹进行还击了。他马上下令："全体撤退，退回树林隐蔽！"话还没说完，就觉得坦克像是被谁推了一把，跳了一下就不动了。他使劲推拉了两下操纵杆，没有一点反应，只得下令弃车转移。

双方正杀得难解难分之际，师部观察所外面的战壕里传来一名男人的声音："请问你们的指挥员在哪儿，我带着'喀秋莎'慰问大家来了。"随着声音，一个大个子上尉走进观察所，冲着波洛苏欣一个立正："第五十九独立炮兵营营长叶戈罗夫向您报告，我营路过此地，请问是否需要帮助？"

波洛苏欣礼也没还，没好气地说："喀秋莎？胡闹！一个姑娘能帮上什么忙，我需要的是炮弹，炮弹，大量的炮弹，懂吗？"

叶戈罗夫感到莫名其妙，不知道眼前这位首长为什么发这么大火，于是结结巴巴地说："上……校同志，您……您大概搞……错了，'喀秋莎'不是什么姑娘，是一种新型的火箭炮。"

营长一边说一边朝观察所外指了指。

"什么？火箭炮？可以发射吗？"波洛苏欣听说是新武器，一下子来了精神。

"当然可以，您没见过'喀秋莎'？那好，我立刻安排一次齐射，让德国佬尝一下苦头！"叶戈罗夫恢复了刚才的愉快语调。

"一次齐射？太少了吧。"波洛苏欣有点不满足。

"一次齐射足够了，上校同志。德国佬肯定屁滚尿流！对了，也跟我们前沿的战士们打个招呼，别吓着他们，这些'姑娘'干起活来惊天动地。"说完他调皮地挤挤眼睛，一转身钻出了观察所。

此时的德军又恢复了进攻队形，七八十辆坦克拖着滚滚烟尘，冲向波洛苏欣的阵地。就在这时，波洛苏欣忽然觉得大地一颤，随后便听到头顶上响起一连串他从没有听到过的怪叫。紧接着，一条条刺眼的火龙，划破天空卷起一阵热浪，裹着细小的沙石、草根、枯叶迎面扑来，使波洛苏欣和身旁的几个人，不约而同地从观察孔前后退了一步。还没等他们站稳，倏地，犹如平地落下一串霹雳，闪电般的亮光透过观察孔把昏暗的观察所刹那间照得雪白一片，棚顶和四壁扑扑簌簌落下溜溜泥土，耳膜被巨大的爆炸声震得嗡嗡直响，一下子什么都听不见了。

"喀秋莎！这就是我们的喀秋莎！"波洛苏欣大喊了一声，也不知道别人听见没有，一步跨到观察孔前，举起望远镜一看，刚才还是尘土飞扬的地方现在成了一片火海，火焰蹿起三四米高，从左到右形成了一道火幕。火光上面是一股浓浓的黑烟，翻腾直上，遮天蔽日。借助望远镜，波洛苏欣看到德军一辆坦克被炸得翻了个，履带朝天，炮塔在下；相隔不远处的另一辆坦克，上半截被炸得不知去向，只剩下履带之下的部分，秃秃地被烈火所包围；还有一辆装甲车，车头没了，只剩下后半部，被大火烧得通红。

这一次齐射，"喀秋莎"竟然报销了德军20多辆坦克和装甲车。波洛苏欣鼓动双拳，高兴得大喊大叫。就这样，在博罗季诺地区，波洛苏欣指挥的部队把力量上绝对优势的敌人阻挡了五天五夜。

与此同时，在博罗季诺以北的沃洛科拉姆斯克，战斗也是异常惨烈。

在沃洛科拉姆斯克方向上，德军先是以加强的第五集团军后又增加2个摩托化军实施进攻。德军全然没把苏军放在眼里。第一次冲锋集中了50辆坦克，坦克之间还有一辆吉普车，车顶上固定着两个高声喇叭，喇叭里不停地播放着乐曲，坦克伴着悠扬的乐曲隆隆开着，倒像是一次阅兵。

奉命守卫沃洛科拉姆斯克地区的第十六集团军所属的第三一六步兵师刚从中亚地区调来，齐装满员，朝气蓬勃。官兵们看到德军这种嚣张气焰，早就恨得咬牙切齿，个个巴不得立即跳出掩体去教训这些凶残而傲慢的侵略者。

然而，为了坚守阵地，不得不耐心等待着德军坦克靠近。

连长基洛夫斯基眼看着敌人的乌龟壳来到了本连的阵地。于是与指导员克洛奇科夫一商量，把5门反坦克炮分成两组，先用一组射击，待把德军注意力吸引过去后，另一组再瞄准射击。部署停当，德军刚好闯进反坦克炮射程之内。在右边的基洛夫斯基让战士瞄准冲在队形最前面的一辆坦克射击，两声炮响之后，那辆坦克停止不动了。又是两发炮弹，右侧的一辆坦克履带被打断，只能原地打圈。这时，德军指挥官从后面指挥车上用无线电把苏军炮火的发射方向通知了各辆坦克，于是，几乎所有坦克的炮口都转向基洛夫斯基的方向，喷出了火舌，整个队形也有点向右偏斜。这样一来，正好把一个侧面暴露给了埋伏在阵地左侧的克洛奇科夫那一组。没等德军坦克再打出第二发炮弹，这边3门反坦克炮便响了，两次齐射，又有4辆坦克被击毁。德军赶快调整队形，慌乱之中，又有2辆坦克轧响了地雷，1辆冲到旁边河里。剩下的坦克怕再往前走还会碰上地雷，丢下8辆冒烟和1辆进水的坦克暂时退了回去。

一连两天，德军均未能攻破第三一六师在沃洛科拉姆斯克的防线。于是他们把主攻方向转向第三一六师的右翼，由俄罗斯联邦共和国最高苏维埃军事学校的学员团负责防御的阵地。学员编成的步兵团由3个反坦克炮兵团支援，防守着第十六集团军最重要的防御地段。

学员开往指定的防御地区前，校长兼团长姆拉坚采夫对他们说："凶恶的敌人要闯入我们祖国的首都。我们应该阻断它的道路，保卫神圣的首都。现在没有时间进行你们的毕业考试了。你们将在前线，在与敌人的战斗中经受考验。我相信，你们每个人都会光荣地通过这次考试……"

该团从索尔涅奇诺戈尔斯克出发，急行 85 公里，于 10 月 7 日晚到达沃洛科拉姆斯克地区，进入阵地即投入了紧张激烈的战斗。校长没有看错自己的学员。在战斗中，每个学员都表现出不怕危险、不怕牺牲的精神，用自己的血和肉，牢固地扼守着各自防守的地段。

◎ 莫斯科一定要守住

10月15日，苏共中央和国防委员会作出紧急决定，将部分中央机关和所有外交使团紧急疏散到古比雪夫，并把特别重要的国家贵重物品运走。

10月17日，根据斯大林的命令，组建了加里宁方面军，从莫斯科西北面阻击德军。根据朱可夫的建议，第二十二、第二十九、第三十集团军划归加里宁方面军，科涅夫上将任司令员。这样，西方面军主力和原加里宁集团都可以获得更有效的指挥。

10月18日，在德军坦克猛攻下，苏军不得不放弃莫扎伊斯克。10月底至11月初，德军攻占了莫扎伊斯克防线的沃洛科拉姆斯克、卡卢加等要地。苏军经过顽强的战斗，将德军阻止在纳拉河、奥卡河至阿列克辛一线。莫斯科已成为靠近前线的城市了，尚留在市内的国防工厂和科学文化机构紧急东迁。

在这生死存亡的紧急时刻，以斯大林为首的国防委员会作出在莫斯科近郊歼灭德军的决定，采取攻势防御的果断措施。根据斯大林的指示，苏联红军依靠前线防御工事系统，组织了坚强的攻势防御，以削弱和消耗敌人的有生力量，赢得时间，准备集中后备力量，在一定时机转入反攻，给德军以歼灭性打击。

10 月 19 日，国防委员会号召首都人民不惜一切，配合红军，誓死保卫莫斯科。

19 日晚，国防委员会紧急会议在克里姆林宫斯大林的办公室里召开。在一张铺着绿呢的长桌两边坐着所有国防委员会成员。斯大林主持会议。与会人员到齐后，会议正式开始。

斯大林扫视了一下会场，缓缓地说："同志们，前线的形势大家已经十分清楚，我现在要问的是，我们还要不要守卫莫斯科？"说完，斯大林的目光从在座的每个人身上滑过。

会场出现了短暂的沉寂。片刻后，斯大林起身走到朱可夫身后，说："朱可夫同志，你作为一个共产党员，请如实告诉我，我们还要不要守卫莫斯科？"

斯大林的话语在朱可夫听来真是肝肠寸断，他见识过斯大林凶狠、严厉、暴怒的神态，却从来没见过他如此沉痛的神情。

朱可夫咬了咬牙，轻声而坚定地说："我们的先辈库图佐夫曾经在强敌面前成功地保卫了俄国……"

斯大林眉毛一动，看了朱可夫一眼。不仅仅是斯大林，在座的每一位都知道朱可夫口中的"库图佐夫"指的是 1812 年率领俄国军队在拿破仑大军兵临莫斯科城下时将其击退的伟大元帅。

如今的情况与 1812 年有些类似，但又有所不同。1812 年 9 月 13 日，库图佐夫召开紧急军事会议。当时他面临的困难是，博罗季诺战役后形势发生了根本性的变化。也就是说，如果俄军当时能得到后备力量的补充，便可一鼓作气击溃拿破仑的军队。然而，库图佐夫没有得到增援。于是，在这次会议上，库图佐夫做出了保存军事实力、主动让出莫斯科的大胆决定，从而将法军引入莫斯科空城，最终迫使拿破仑大败而归。库图佐夫元帅有句名言："失去莫斯科并未失去俄国，为了祖国我下令退却。"如今，这句名言就镌刻在库图佐夫故居前的一座纪念碑上。

　　"我认为，我们现在面临的问题与当年库图佐夫的不同之处在于不是让出莫斯科，而是坚守莫斯科。"朱可夫掷地有声的话语把与会者的思绪拉回到残酷的现实中来，"莫斯科毫无疑问是可以守住的，但是需要两个集团军以及坦克，哪怕数量不多也行。"

　　"你有这样的信心，很好。"斯大林拍了拍朱可夫的肩头，"你所要的两个集团军马上可以调来，但是坦克暂时还不能到达。"

　　斯大林在室内来回地踱着步子，接着又站到了被邀请来参加国防委员会会议的莫斯科市委书记切尔诺乌索夫身后说："切尔诺乌索夫同志，你的看法呢？"

　　作为莫斯科市委书记，切尔诺乌索夫想得更多的是莫斯科目前的处境，他托了一下眼镜说："我认为前线军人是完全可以信赖的。对于莫斯科来说，目前首要的任务是尽快颁布战时法令，以平息混乱。同时，加紧莫斯科接近地第三道防线的建设，不仅在城市外围建筑半环形的防御工事，并且在城市防御地区也加紧修筑三道防御地带，第一地带沿环城铁路，第二地带沿花园区，第三地带在街心公园区。"

"很好，你的想法我认为可行，只是有一点必须强调一下，前线的严峻形势要求我们必须加快完成防御工事的构筑，越快越好。"斯大林说话的语调略微提高了一些。

在逐一询问了国防委员会成员后，斯大林最后说："同志们，我们的意见是一致的，莫斯科一定要守住！"

随后，斯大林口授了《关于在莫斯科及其毗邻地域实行特别戒严的决定》。在作出这一决定后，斯大林立即给东部各军区司令员下令，抽调若干补充师来增援莫斯科。

10 月 20 日，根据国防委员会的决定，开始在莫斯科及其附近地区宣布戒严。决定摘要如下：

为了莫斯科的后方保障和巩固守卫莫斯科部队的后方，禁止特务分子、破坏分子和其他盟国法西斯间谍分子的破坏活动，国防委员会作出如下决定：从 1941 年 10 月 20 日起，莫斯科市及其附近地区实施戒严……凡破坏秩序者，立即送交军事法庭；策动破坏秩序的奸细分子、特务分子以及其他间谍分子一律就地枪决……

国防委员会坚决果敢的行动有力地回击了那些惊慌失措者和自私自利者。为了将德国入侵者赶出莫斯科，赶出国境，苏联举国上下全力以赴。工人们为保卫莫斯科昼夜制造武器，集体农庄庄员们夜以继日地收获庄稼。来自各地甚至远东的运输兵团或部队的列车日夜兼程从全国各个角落奔向首都莫斯科。

◎ 一个大胆的决定

10月28日，斯大林召见莫斯科军区司令员阿尔捷米耶夫和空军司令日加列夫。斯大林提的第一个问题就把两位将军难住了："再有10天就是十月革命纪念日了，我们要不要在红场举行阅兵式？"

两位将军不知所措。当前莫斯科正处在慌乱的撤退之中，各个机关都在焚烧文件，全城烟雾缭绕，没人想过要举行阅兵式。

"我再问一次，要不要举行阅兵式？"斯大林用坚毅的眼神看着两位将军。

阿尔捷米耶夫有些迟疑地回答："只是形势……而且城里没有部队，炮兵和坦克都在前线，在这个时候阅兵合适吗？"

斯大林朝坐在桌子后面的苏共中央政治局委员们点了一下头："但是，国防委员会认为必须举行阅兵式。这不仅会对莫斯科市民，而且对全军和全国将起到巨大的精神鼓舞作用。"

斯大林这么一说，两位将军自然无话，只能执行命令。于是，在绝对保密的情况下开始了阅兵式的筹备工作。

10月底的一天夜里，为了稳定军心，鼓舞士气，斯大林决定到前线视察。几辆汽车组成一个车队，沿着莫斯科—沃洛科拉姆斯克公路驶出首都市区，又行了几公里后转入一条乡村小路。斯大林想看看已经进入阵地的火箭炮"喀秋莎"的发射，但随行人员和卫队不同意继续前进。

斯大林在听取了一位前线指挥员的报告后，伫立在寒风中望着西方地平线上横飞的炮火发出的紫红色的闪光，很长时间才离去。

在返回克里姆林宫途中，斯大林乘坐的重型装甲汽车陷入泥中，他的司机束手无策。负责安保工作的国防委员会委员贝利亚坚持让斯大林坐另一辆汽车，总算在黎明前安全返回了克里姆林宫。次日，苏联大小报纸刊登了最高统帅斯大林视察前线的消息。全国军民为之振奋，前方将士兴奋地奔走相告："斯大林和我们在一起！斯大林和我们在一起！"

11月1日，一辆黑色吉斯轿车驶入克里姆林宫。汽车在一处台阶前停下，朱可夫走下车，疾步登上台阶。斯大林通知朱可夫回克里姆林宫开会，但没说会议的内容，不过情况肯定很重要，他从莫斯科前线风风火火地赶了回来。

朱可夫看到几乎所有苏共中央政治局委员和国防委员会成员都在，按照惯例斯大林坐在长桌一端。斯大林示意他坐下，开始说道："朱可夫同志，政治局和国防委员会打算在今年的十月革命纪念日除了召开庆祝大会外，还想在莫斯科举行阅兵式。我们请你来，是想听听你这位负责保卫首都的方面军司令员的意见。前线的形势允许我们举行阅兵式吗？"

斯大林话音刚落，所有人以探询的目光望着风尘仆仆的朱可夫。朱可夫知道自己的回答，不管是肯定还是否定都事关重大。在敌人眼皮底下举行阅兵式，其危险是可想而知的，否则，斯大林也不会请他来商量。可是，在这样的严峻形势下隆重地庆祝节日，举行阅兵式，其意义又是何等重大，它不仅能充分显示出对入侵者的蔑视，对本国军民的鼓舞，更能给世界上的同盟者、同情者一种莫大的宽慰。说到底，举行阅兵式甚至比在前线消灭几个集团军所引起的震动和反响还要大。

想到这儿，朱可夫坚定地说："我认为举行阅兵式的想法是可行的。据我们的观察分析，敌军正在全线构筑防御阵地，各条战线上的进攻基本已经停止。这说明敌军在最近几天内不会发动大规模进攻。由于前一段作战的严重损耗，加之不利于机械化部队行动的恶劣天气、补给不足等原因，所有这些都不允许敌军马上发动地面进攻。不过，危险还是有的，那就是敌人的空袭。"

说到这里，朱可夫停顿了一下。在座的众人或是朝着朱可夫点头，或是相互对视着点头。

"有什么建议吗？"斯大林问。

"我建议加强对空防御，加大高射炮的密度，同时把友邻方面军的战斗机调一些到莫斯科附近待命。这样就可以构成空中和地面双重打击力量。"

与会人员表示同意并做了一些补充。

"我们的意见是一致的，"斯大林最后坚定地说，"就是说，阅兵式一定要举行，并且还要通过无线电向全国直播实况。"

此时的希特勒犹如一只饥饿独狼烦躁不安地在他的"狼穴"大本营里来回走动。"狼穴"，名字跟周围的环境很是般配，它修建在一片茂密的森林中，四周高大浓密的树林蔽日遮天。湿漉漉的林间空地上，铺着一层绿色的苔藓，空气中弥漫着腐叶败草的气息，几栋灰色的房子由一条沥青小路相连。

希特勒办公、起居在第一安全区，这里由一群木造营房和分成小分隔间的一层水泥地堡组成。"又冷又湿的暗堡，"一位文职人员写道，"在这里我们夜间冻得要死，电气通风设备不停地咔咔作响以及可怕的气流使得我们难以入睡，早晨醒来时都伴有头疼"。几百码以外，在腊斯登堡通往安格堡（大本营的参谋总部）的那条路对面，约德尔的作战局占据了同样大小的营地，这里是第二安全区。

一位女秘书曾经问过希特勒："为什么叫'狼穴'？"希特勒得意扬扬地说："这是我'斗争'岁月的代号。"

苏德战争爆发的第二天，他就乘火车进入这个暗堡，开始了指挥旨在消灭苏联的战役。希特勒进入"狼穴"不到两个月的时候，曾夸下海口——预计冬季开始之前就能占领莫斯科。他当时认为斯大林损失了300万军队，已经没有什么力量与他较量，甚至想入非非地认为斯大林会向他求和。

当德军沿着当年拿破仑进军莫斯科的老路向前推进时，刚开始，气势汹汹，犹如一股势力强劲的台风。到了10月20日，德军装甲部队的前锋已经进抵距莫斯科40公里的地方。这时，不少纳粹将领认为凭着希特勒的大胆领导，在苏联严冬到来之前，拿下莫斯科是不成问题的。纳粹广播电台大肆吹嘘说，进入莫斯科的仪式已经安排好，元首将骑一匹白马从波克隆山方向进入莫斯科。高级官员们定做了礼服和白手套。然而，苏联秋季的雨雪冲散了希特勒的美梦。

德军在行进时，常常出现这样一种场面：一群身穿夏装的德国兵，在绵绵秋雨、瑟瑟寒风中缩成一团，或是无精打采地在泥泞的道路上跋涉，或是滚成一身污泥，拼命地拖拽着陷入泥潭的坦克、装甲车、大炮、摩托车。昔日横扫西欧的威风没有了，战争开始时那种不可一世的神气消失了。诉苦、责怪、发牢骚的报告频频飞到中央集群总司令博克元帅的办公桌上，飞入希特勒的"狼穴"大本营。尽管希特勒心急如焚，一直在催促博克尽快拿下莫斯科，但是面对倒霉的天气、糟糕透顶的道路和疲惫不堪的部队，他也无可奈何，只得听任在蜿蜒 1000 公里长的战线上，全线停止前进以待大地封冻。莫斯科以西激烈的地面战斗暂时减弱，双方在利用这个间隙积聚力量，重整旗鼓，准备决一死战。

◎ 能听到炮声的阅兵式

11月3日，第一次寒潮降临，莫斯科的气温骤降至0度以下。

11月6日11时50分，一列地铁列车缓缓驶入马雅可夫斯基地铁站。列车停稳后，中间一节车厢门打开，车里跳出斯大林的私人警卫，随后是身穿灰色呢子大衣的斯大林。他缓缓地走出车厢，头发梳理得非常整齐，面色红润，目光炯炯有神，显出一副从容大方的气派。

斯大林扫视了一下地铁站大厅及周围站立着的群众，朝前边不远处的主席台走去。主席台上有国防委员会副主席莫洛托夫、国防委员会委员加里宁和贝利亚等人。

这时，站台内响起一片雷鸣般的掌声。随后，会议主持人莫斯科市书记切尔诺乌索夫宣布庆祝十月革命胜利24周年纪念大会开始。

当切尔诺乌索夫宣布苏共中央总书记、国防委员会主席斯大林同志做报告时，站内大厅又一次响起了雷鸣般的掌声。

斯大林在掌声中，开始了演讲："同志们，从我们取得十月社会主义革命胜利，建立社会主义制度以来，24 年过去了……"

斯大林从来不讲究演说技巧，但是现在谁还会注意这一点，对于在马雅可夫斯基地铁站的每一个人，对于在此时此刻聚集在收音机旁的每一个苏联人，以及能收到并且正在收听广播的外国人来说，演说技巧是无关紧要的，重要的是斯大林面对着正逼近莫斯科的敌军，仍然坚持在自己的岗位上，并且站在战争的前线。就凭这一点，一切善良和正直的人便已经感到莫大的欣慰和鼓舞，无不激动地、全神贯注地听着斯大林的演讲。

斯大林首先讲到了战争开始 4 个月以来苏联面临的严峻形势，他用沉痛的语气承认战争使苏联面临着严重的危险；承认德军占领了乌克兰、白俄罗斯、波罗的海的一些地区，现在乌云正笼罩在列宁格勒、莫斯科上空；承认苏联爱好和平的人民正在遭受屠杀与蹂躏，连妇女、儿童、老人都不能幸免……听到这里，会场异常肃静，许多人微微低下了头。

沉默片刻之后，斯大林稍稍提高了声音："但是，纳粹鼓吹的所谓苏维埃政权正在崩溃是毫无事实根据的。相反，苏联的后方比过去任何时候都要稳固。换作任何一个国家，若像我们这样失去了这么多土地，可能早就崩溃了。然而，我要说的是，年轻的苏维埃社会主义共和国联盟仍然是无比巩固的！"

会场上，顿时响起暴风雨般的掌声。斯大林接着说："也要承认，我们面临的任务仍然是非常艰巨的。敌人还占领着乌克兰、白俄罗斯、波罗的海的一些地区，列宁格勒仍处于敌军的围困之中，莫斯科仍在受到威胁。"

说到列宁格勒，斯大林进一步说道："德国侵略者以为我们的红军是脆弱的，以为可以一举击溃和驱散我们的红军部队，但是他们打错了算盘……在列宁格勒防线和莫斯科防线，我们的部队不久前消灭了敌人近 30 个正规军。这表明在卫国战争的战火中我们年轻的陆海空军正在得到锻炼、成长，并且造就了一批新的英勇善战的指挥员，明天他们将成为德军的威胁！"

又是一阵暴风雨般的掌声。

最后，斯大林慷慨激昂地说道："德国侵略者打的是一场反对苏联各民族的灭绝人性的战争。很好！他们想打一场灭绝战，那就让他们打好了。我们的事业是正义的事业，胜利终将属于我们！这些丧尽天良、寡廉鲜耻、道德沦丧、形同禽兽的德国人竟狂妄到要消灭伟大的俄罗斯民族的地步，须知这个民族造就了普列汉诺夫和列宁，造就了别林斯基和车尔尼雪夫斯基，造就了普希金和托尔斯泰，造就了格林卡和柴可夫斯基，造就了高尔基和契诃夫，造就了谢切诺夫和巴甫洛夫，造就了列宾和苏里科夫，造就了苏沃洛夫和库图佐夫！"

斯大林充满自信的声音久久回响在人们耳畔，慷慨激昂的演说通过无线电波传遍了苏联各个角落。无论是距莫斯科不远的西方面军司令部，还是莫斯科以南的西南方面军司令部，或是远在列宁格勒的西北方面军司令部里，红军指战员都守在收音机旁，激动地听着……

11 月 7 日清晨，浓云低垂，雪花飞舞。在初冬白茫茫的雾气中，莫斯科市民在红场观看了盛大的阅兵式。这一天是十月革命纪念日。此时，首都几十公里外就是虎视眈眈的德国入侵者。在这兵临城下的危机时刻，斯大林又一次采取了果敢又不乏想象力的行动——照常在红场举行阅兵式。

红场，是苏联人民的骄傲，在苏联人民心目中是和平的象征，就像北京的天安门广场、巴黎的协和广场。红场原名"托尔格"，意为集市，这表明当年广场是集市所在地。此后广场曾多次易名。从 16 世纪起，它成了举行隆重仪式的场所。1662 年改称"红场"。在古斯拉夫语中，"红色的"原为"美丽的"意思。十月革命后，红色代表革命，因此"红场"这一名称便有了另一层新意，和克里姆林宫一起成了苏维埃国家的象征。整个红场占地面积并不是很大，长不足 700 米，宽只有 130 米。红场的正面是克里姆林宫墙，对面是百货商店"古姆"，南面为波克罗夫大教堂，北面为历史博物馆。克里姆林宫墙外是黑色花岗石砌起来的雄壮而朴素的列宁墓。1924 年 1 月 21 日，列宁在高尔克村逝世后，他的遗体被用火车运回了莫斯科。列宁墓的落成给红场增添了肃穆的气氛。

红场阅兵

纷纷扬扬的雪片飘落在波克罗夫教堂巨大的圆顶上，飘落在雄伟壮观的红场，飘落在红场上排成方阵肃立的红军战士身上，飘落在克里姆林宫墙内伊凡大帝钟楼尖尖的塔顶上。在弥漫的雪花中，塔尖上镶嵌着的一颗硕大的玛瑙石红星显得凝重巍峨，格外醒目。苏联红军受阅部队在红场列队等候检阅，参加这次检阅的人异常激动，因为德军的机场就在莫斯科附近。

上午 8 点整，斯大林与苏联政府的高级官员们登上了列宁墓。列宁墓两侧的观礼台上站满了人。这时，塔楼的大门打开了，苏联副国防人民委员、苏军元帅布琼尼骑着高头大马，在卫队护卫下，走出教堂塔楼大门。此次阅兵的检阅官就是这位骑兵元帅。

布琼尼在最前面的一列检阅方队面前，勒住了马缰。这时，一位中将骑马来到他面前，举手行礼："受阅部队指挥官阿尔捷米耶夫中将向您报告：受阅部队列队完毕，请您校阅！"

布琼尼抬起一只胳膊，还礼之后，骑马检阅，并向检阅部队问候。庄严肃立的指战员们个个精神饱满，英姿挺拔，纷飞的雪花落在他们的身上，凛冽的寒风扑打着他们的脸，他们依然纹丝未动。只有在检阅官向他们问候时，他们才不约而同地喊道："为苏联服务！"

◎ 红场演说

　　阅兵式完毕，布琼尼骑马驰向列宁墓，向苏联最高统帅斯大林报告。斯大林接受报告后，从衣袋中拿出一份讲稿，威严地屹立在列宁墓上，开始向参加阅兵式的人群发表演说。斯大林在发表演说期间，莫斯科城外依旧炮声隆隆，苏联的巡逻机不时从头上飞过。这篇列宁墓前著名的演说以其特殊意义被载入史册，演说全文如下。

　　　　红军和红海军战士们

　　　　指挥官和政治工作人员

　　　　男工和女工们

　　　　集体农庄的男女庄员们

　　　　智力劳动者们

　　　　在敌人后方，暂时陷在强盗压迫下的兄弟姐妹们

我们那些破坏德寇后方的光荣的游击队男女队员们

我谨代表苏维埃政府和我们的布尔什维克党向你们致敬，并庆祝伟大的十月社会主义革命胜利 24 周年。

同志们！今天，我们在特殊的条件下来庆祝十月革命 24 周年。法西斯强盗背信弃义向我们发动了进攻，将战争强加在我们头上，对我国构成了严重威胁。我们失去了一些国土，敌人已经闯到列宁格勒和莫斯科门前。疯狂的敌人想通过一次打击就让我们屈膝投降。然而，他们失算了。

我们的陆军和海军遭遇的失利只是暂时的，他们仍然浴血奋战在所有战线上，让敌人付出了惨重的代价。我们的国家，我们全国组成了统一的战斗阵营，以便和我们的陆军和海军一起彻底粉碎法西斯德国入侵者。

法西斯德国的这次入侵没有什么可怕的，我们有过比现在处境更加艰难的岁月。想想 1918 年，我们庆祝十月革命 1 周年的情景吧。当时，外国武装干涉者霸占了我们四分之三的领土，我们失去了乌克兰、高加索、中亚细亚、乌拉尔、西伯利亚和远东等地区。当时的我们没有联盟者，红军刚开始创建，武器缺乏，被服缺少，粮食不足。面对 14 个国家的围攻，我们没有灰心，更没有丧气。我们在炮火中组建了红军，把我国变成了一座巨大的军营。当时，伟大的列宁精神鼓舞着我们每一个人踊跃参加反对外国武装干涉者的战争。结果大家都知道了，我们成功击溃了外国武装干涉者，收复了所有失地，并赢得了最终的胜利。

如今，我们的国家比 23 年前好很多。与 23 年前相比，工业、粮食及原料方面要富足许多倍。如今，我们有同盟国与我们结成反对德国侵略者的统一战线，有陷入希特勒暴政压迫下的欧洲各国人民的同情和拥护，有精良的陆海军英勇顽强地保卫祖国的自由和独立。不论是在粮食、武器还是被服方面，我们都不会感到严重缺乏。全国各族人民热情高涨，一致支援我们的陆军和海军，和陆海军一道粉碎法西斯德国入侵者。我们的后备人员无穷无尽。

现在，伟大列宁的精神和他胜利的旗帜，正如23年前那样，鼓舞着我们参加到卫国战争中来。

我们能够并且一定能够战胜德国侵略者，这事难道还会有人怀疑吗？

敌人并不像一些惊慌失措的知识分子所形容的那般厉害，也不像人们描述的那样可怕。谁能否认，我们英勇的红军屡次把不可一世的德军打得仓皇逃窜？如果不盲目地相信纳粹德国宣传家夸大其词的声明，而去按照德国真实状况来判断，那就很容易了解德国法西斯侵略者已经处在大破产的前夜。

当下的纳粹德国，饥饿和贫困像乌云一样压头顶，在4个月的战争中，德国损失了450万士兵。德国流血殆尽，它的人员后备正在枯竭。愤恨的怨气不仅深入那些德国侵略者压迫下的欧洲各国人民心中，而且深入到感觉战争结束无期的德国人民心中。纳粹德国侵略者正在为最后的力量愁肠百结。很清楚，纳粹德国不可能长久地支持这种紧张局面。再过几个月，再过半年，或者一年，纳粹德国就会在其深重罪孽下变得支离破碎。

红军和红海军战士，指挥员和政治工作人员，游击队男女队员同志们！全世界都在看着你们，认定你们是能够消灭纳粹德国侵略者的力量。

处在纳粹德国侵略者枷锁下被奴役的欧洲各国人民都在指望着你们，认定你们是他们的解放者。伟大的解放使命落到你们的肩上，你们要无愧于这个使命！你们所进行的这场战争是解放被压迫者的战争，是正义的战争！

让我们的伟大先辈亚历山大·涅夫斯基、季米特里·顿斯科伊、库兹马·米宁、季米特里·波札尔斯基、亚历山大·苏沃洛夫、米哈伊尔·库图佐夫的英姿，在这场战争中鼓舞着你们吧！让伟大列宁的胜利旗帜指引着你们前进！

为彻底粉碎纳粹德国侵略者而战！

消灭德国侵略者！

光荣的祖国万岁！

祖国的自由和独立万岁！

在列宁的旗帜下向着胜利前进！

斯大林激情四射的演说极大地鼓舞了苏联全体官兵。苏军将士热血沸腾，高喊着："苏联虽大，但已无路可退，后面就是莫斯科！"

演讲结束后，斯大林举起右臂向前用力一挥。雄壮的军乐声中，阅兵分列式开始。

最先通过列宁墓的是手握钢枪英姿勃发的军校学员方队，接着是穿着雪地伪装服的摩托化步兵，穿着深蓝色呢子大衣的水兵方队，全副武装的莫斯科武装工人支队……

坦克编队最后进入红场。坦克马达的轰鸣和履带转动时发出的响声震撼着红场，震撼着大地，震撼着每一个苏联人的心。

斯大林频频举手向受阅的方队致意，默默地目送从眼前走过并消失在远方的队伍，可以感到在他冷峻的外表下，一团火在心中燃烧，他已经意识到即将来临的殊死战斗。这次阅兵不仅对苏联人民，而且对全世界所有进步势力庄严宣告：莫斯科可以经受住一切考验，入侵者终将被打败。

阅兵式持续了大约 1 个小时，许多部队直接从红场开赴前线，去迎接更加艰苦、更加惨烈的战斗。

斯大林在莫斯科红场阅兵的消息，传到希特勒的耳朵里，已是 11 月 7 日的黄昏时分。听到这个消息后，希特勒大发雷霆："这对英勇的帝国军队简直是奇耻大辱，斯大林竟然敢在德国空军轰炸机的眼皮底下检阅部队，这是对帝国空军的公然蔑视！"

希特勒歇斯底里发作了一阵子，仍然难解心头之恨，挥舞着双臂大喊："哈尔德，哈尔德，马上联系博克，问问他，为什么在今天放过了苏联人？难道他对苏联连最起码的知识都没有吗？不知道 11 月 7 日这一天对他们有多重要，对我们来说也就有多重要吗？可恶的红场阅兵……这是一种挑衅，赤裸裸的挑衅！面对这种挑衅，只能用炸弹，大量的炸弹加倍奉还！告诉博克，今晚一定要对莫斯科发动猛烈的轰炸！"

德国陆军总参谋长哈尔德本来想说，在这样重大的纪念日举行这样重大的活动，莫斯科是不会没有充分防备的，德军若在这个时候实施空袭只会中了斯大林的奸计，但他又一想在这个时候不管说什么，元首都是听不进去的。想到这里，哈尔德选择了沉默。

第五章

誓死捍卫红色首都

斯大林再次沉默。要是换作别人，谁敢对这位至高无上的最高统帅提出质疑。但是，眼前的人是朱可夫，他不但性格偏强，且极具军事才能，现在德军兵临莫斯科城下，惹恼了他可不好办。

◎ 恶战在即

11 月的前半月，苏军最高统帅部采取了一系列对策来挫败德军即将实施的对莫斯科的攻势。朱可夫继续加强莫斯科附近的防线，调整了西方面军的部署。他意识到肩负的重任，及时向最高统帅斯大林做了汇报。

斯大林听完朱可夫的反突击行动计划后，当即批准，同时拨出 3 个空军师来支援这次行动。斯大林命令把反突击推迟 24 小时，以便使在朱可夫右翼作战的罗科索夫斯基的集团军完成准备工作。重要的是，作战行动必须在两个地段同时发起，以防德军以其预备队实施机动。

苏军近卫骑兵第一军军长别洛夫表示急需增加一批自动武器，并且强调指出，德军在火力上明显超过苏军徒步作战的骑兵。斯大林答应给别洛夫1500 支自动步枪和 2 个 76 毫米口径火炮连。同时，最高统帅部还把第五十军配属给西方面军，并把图拉的防御任务交给朱可夫负责。

这就意味着朱可夫的西方面军的防御战线又大大加长了。

朱可夫从最高统帅部预备队得到新的补充部队和坦克部队，用来加强防线，其中有些部队是刚刚在乌克兰执行作战任务归来。来自最高统帅部的部队，被集中使用在最危险的接近地上，特别是用在预计德军装甲兵团可能实施主要突击的沃洛科拉姆斯克、克林和伊斯特拉方向。战士们领到了暖和的冬装——短大衣、毡靴、厚厚的棉衣以及有耳套的帽子。与此相反，衣衫单薄的德军已经被严寒折磨得疲惫不堪了。

虽然西方面军得到了大量增援，到 11 月中旬已经拥有 6 个集团军，但部队分散在 600 多公里的战线上。朱可夫希望确保受威胁较大的地段的安全，并掌握一支方面军预备队，以便在必要时实施机动。朱可夫是一个现实主义者，和往常一样极端谨慎，反对轻率的军事行动。德军依然强大，必须等待其主动发起新的进攻。朱可夫知道，德国人仍然坚信自己的一贯打法，肯定还是用坦克和机动兵团强攻两翼，进而包围莫斯科。显然，德军的意图是在诺金斯克和奥列霍夫—祖耶沃地区实施合围。

尽管莫斯科前线局势异常复杂，朱可夫还是向苏军最高统帅部报告：明斯克、斯摩棱斯克和维亚济马的悲剧不该重演，应特别注意巩固两翼。但是，最高统帅提出了要求，在沃洛科拉姆斯克和谢尔普霍夫两个地区对两翼的德军集群给予先发制人的打击。

11 月 8 日，太阳刚刚爬上树梢，橙黄色的光毫无保留地洒在洁白晶莹的雪地上。万里无云，没有一点风，看得出这是一个好天气。坚守在距莫斯科西北只有 40 公里的沃洛科拉姆斯克地区的是苏军第十六集团军第三一六师，该师五连指导员克洛奇科夫走出掩蔽所，顺着战壕来到阵地前观察敌情。

眼前这一伙德军人，已经是五连以及他们所在的第十六集团军第三一六师的老对手了。从 10 月下旬开始，双方就展开了激烈的较量。德军在飞机、大炮的支援下，在坦克、装甲车的掩护下向这个方向发动了几十次猛烈进攻，企图逼迫他们退出阵地。苏军战士顽强抵抗，与德军展开肉搏，战斗尽管异常激烈残酷，但是他们没有后退一步。该连防守的"鲍雪契沃"国营农场西南的阵地几次易手，全连只剩下 28 个人，却仍然在指导员克洛奇科夫的率领下顽强地战斗着。

克洛奇科夫从望远镜里看到德军营地一派繁忙。士兵们正在集合，大概是要开早饭。坦克和装甲车排得整整齐齐，黑压压一片，坦克手们正忙着在每辆坦克下生起一小堆篝火，为冻了一宿的发动机预热。据一个德国俘虏讲，因为当初设计和制造坦克时，德国人没考虑到会在如此寒冷的气候条件下作战，现在不经预热，坦克就发动不起来。克洛奇科夫一看到这种情形就觉得好笑，没想到这个动起来气势汹汹的"铁乌龟"这么怕冷，而苏联的坦克可没这样娇贵，零下三四十度的天气照样正常启动。

克洛奇科夫正看得入神，忽然一个战士来报，说师长潘菲洛夫让他接电话。克洛奇科夫赶快回到掩蔽所，一拿起听筒，就听到师长那鼻音很重的声音："克洛奇科夫上尉，你们那里怎么样，有什么情况吗？"

"德军又在烤他们的'乌龟'了，黑压压一片，看来今天又是一场恶战。"

克洛奇科夫说得没错。希特勒受了斯大林红场阅兵的刺激，加之派飞机轰炸莫斯科又遭到苏联空军的顽强拦截，非但效果不佳，还损失惨重，于是立即命令并敦促德军中央集团军群总司令博克执行再次从地面进攻莫斯科的计划。

根据这个计划，德军将组成两大突击集团，从莫斯科的西北和西南两翼实施突击。霍普纳的第四装甲集团军与莱因哈特的第三装甲集团军合兵一处，在施特劳斯第九集团军的配合下向沃洛科拉姆斯克、克林方向发动进攻，力争从西北接近并迂回包抄莫斯科，如有可能即可从北面突破。古德里安的第二装甲集团军向图拉、卡希拉、科洛姆纳方向发动进攻，从南面逼近莫斯科。莫斯科以西宽大的正面则由克鲁格元帅的第四集团军实施攻击，与一北、一南两个突击集团相比，中间的进攻力量稍弱一些。希特勒和他的将领们对这份作战计划很满意，向部队下达了战斗指令：从 11 月 13 日起，中央集团军全线转入进攻，目标莫斯科！

◎ 搏杀，血肉死磕钢铁

11月13日，疲惫的朱可夫刚刚和衣躺在沙发上，准备睡一会儿。这个时候，副官轻轻走进来，附在朱可夫耳边："最高统帅要你接电话。"朱可夫一骨碌爬起来，拿起话筒，就听见斯大林慢慢地说："德军有什么新动向？"

"根据侦察，德国人将发动更强大的攻势。从目前态势来看，德军的主攻方法似乎又是南北合围。在南边，古德里安的装甲集团军可能绕过图拉，扑向卡希拉；在北边，重点是沃洛科拉姆斯克，即潘菲洛夫师的防区。"

话筒里沉默了一会儿，斯大林用不容置疑的口吻说："我和沙波什尼科夫认为，我们有必要发动一次先发制人的反突击，以粉碎敌人正在组织的进攻。大本营考虑，反突击的地点就选在你刚才提到的沃洛科拉姆斯克，给敌人一个迎头痛击。"

朱可夫听到此话愣了一下，连忙问："斯大林同志，是不是其他战线的情况有了好转？"

"各条战线仍然很紧张，德军还在向我们压过来，正因为如此，我们才有必要进攻！"斯大林坚定地说。

"我们用什么兵力进攻？光靠西方面军目前的兵力只够防御！"朱可夫显然有些激动。

斯大林再次沉默。要是换作别人，谁敢对这位至高无上的最高统帅提出质疑。但是，眼前的人是朱可夫，他不但性格倔强，且极具军事才能，现在德军兵临莫斯科城下，惹恼了他可不好办。于是，斯大林耐着性子，对朱可夫说："其实，你还是有多余兵力的。"接着，斯大林说出了一串部队番号。

朱可夫一听，更急了："这些部队是方面军最后一点后备力量了，倘若全部投入这次并无把握的反突击，一旦德军转入进攻，我们就再没有兵力加强防御了！"

斯大林终于忍无可忍："还没有发起突击怎么知道会不成功？再说，你手下有6个集团军，难道还少吗？"他用不容置疑的口气对这位桀骜不驯的猛将说："反突击的问题就这样决定了，今晚把计划报上来。"

大约15分钟后，布尔加宁走进朱可夫的办公室，说："老伙计，这次我受到严厉斥责。斯大林同志对我说：'你同朱可夫骄傲了，但我们将设法管束你们！'他坚持要我立即来找你，要求立即组织反突击。"

朱可夫无奈地耸耸肩，对布尔加宁说："有什么办法，那就组织呗！"

命令就是命令，军人以服从命令为天职。朱可夫尽管很不情愿，也只能执行。结果，按照斯大林的命令组织的反突击没有取得预期效果。在德军强大的攻势面前，苏军这点力量进行反突击显然是不够的。不仅反突击的部队被牵制在沃洛科拉姆斯克，更为严重的是用掉了方面军仅有的一点后备兵力。

两小时后，方面军司令部向第十六集团军司令员罗科索夫斯基和第四十九集团军司令员扎哈尔金以及主要指挥员下达了实施反突击的命令。

与此同时，德军开始向莫斯科发动大规模的进攻。按照惯例，先是飞机对苏军阵地一阵狂轰滥炸，大有把每一寸地皮翻过来的架势，继而是装甲集团的快速突击，最后是摩托化步兵的跟进。这一天，莫斯科的气温降到零下 8℃。

克洛奇科夫通过望远镜，看到白茫茫的雪地上数不清的坦克、装甲车，就像一片甲虫向前爬行。他放下望远镜，对聚集在战壕里的战士们大声说："小伙子们，今天可够咱们干的。德国人真大方，把这么多靶子送上来让咱们过瘾，咱可得对得起人家，别让客人来回跑腿儿。把反坦克炮和手雷准备好，远点儿的让它们吃炮弹，近点儿的请它们尝尝这个！"说着，举起一颗手雷晃了晃。

德军的装甲部队开近了，从三面向克洛奇科夫连坚守的小山岗压来。克洛奇科夫的部下也算经过大战的洗礼，对德军的各种兵器和战法也领教过，可是一下子看到这么多坦克，不免心里有点儿惊慌。待德军一阵紧似一阵的炮火打来，一些战士从前面的散兵坑纷纷跑回了阵地上的主战壕，蹲在战壕里不敢抬头。

克洛奇科夫急了，从战壕的一头冲到另一头，嘴里不停地大喊大叫："嗨，给我打！别给红军丢脸！站起来数数，就那么点坦克，还不够咱们分呢！快，快起来，大个子，你不觉得蹲在这地方很难受吗？打！同志们，给我打！就看你们的啦！"战士们一个个直起身，端起枪炮，一阵射击，立即有几辆坦克被击中起火。

德军的坦克越来越多，前面的被击中，后面的又蜂拥而上，整座小山冈在轰隆的炮声中和嘎嘎的履带下颤抖着。克洛奇科夫和他手下的战士们拼命反击，德军坦克还是一米一米地接近攻击目标。1辆、2辆、3辆……一辆接一辆的德军坦克开进苏军防御阵地。

就在德军坦克轧向战壕的一刹那，克洛奇科夫看见离他最近的战友，双手各抓着一颗手雷，后背紧顶住战壕的后壁，平伸双臂，把冒烟的手雷对准了开过来的坦克，眼睛睁得大大的，流出一种对死亡的恐惧，却丝毫没有躲避，直到坦克巨大的躯体泰山压顶般地把他吞没。几乎与此同时，爆发出两声巨响，坦克下面的战壕里腾起两道浓浓烟尘，整个坦克被炸得跳了起来，随即横跨在战壕上一动不动了。另外，两辆德军坦克跨过战壕，继续向前开进，但是没开多远，就被从后面战壕里扔出的几颗手雷炸毁了。

没等克洛奇科夫和战士们喘口气，一排炸弹在战壕附近爆炸，十几辆坦克喷着火舌，又冲到跟前。又是一番血肉之躯与钢铁的搏杀，又有几辆坦克被血肉之躯挡住了。

战壕里本来就不多的战士，已经所剩无几。

这时，跟在克洛奇科夫身后的通信兵喊道："指导员，师长电话！"话音未落，一颗炮弹在附近爆炸，通信兵一下子扑到克洛奇科夫身上。烟尘散尽，克洛奇科夫见通信兵前胸后背一片殷红，瘫倒在地，一只手还紧紧地握着连接导线的听筒，听筒的上半截早不知被炸到哪里去了。

克洛奇科夫双眼通红，好像喷着火，又像在滴血，又一辆坦克向他隆隆开来。这位指导员一把抓下了滑到前额的皮帽，顺手拿起两颗手雷，咬住导火线猛地一拉，一股青烟从手柄里冒出，嗞嗞作响："浑蛋，来吧！苏联大地辽阔，我们已无退路，后面就是莫斯科！浑蛋，来吧！来吧！"

早已牺牲的通信兵死死握着半截话筒，把克洛奇科夫生命的最后一次呼喊，如实传到了第三一六师师长潘菲洛夫耳中。巨响之后，一片沉寂。

潘菲洛夫静静地听了一会儿，缓缓放下听筒，默默地摘下军帽，闭上双眼。师长身边的人不知道克洛奇科夫那里出了事，可他们却看见这位平常不动声色、坚强刚毅的师长眼里淌下了两行热泪。良久，潘菲洛夫才睁开眼，目视前方，低声说："把克洛奇科夫上尉的这句话告诉全师，不，告诉莫斯科的每一位保卫者：'苏联大地辽阔，我们已无退路，后面就是莫斯科！'"

事后查明，克洛奇科夫和他的 27 名战士在这天的战斗中全部壮烈牺牲。他牺牲前说的那句话，很快在莫斯科保卫者中传开，成了当时最普通也最不普通的一句名言。克洛奇科夫后来被授予"苏联英雄"称号。

◎ 不准后撤，一步也不行

11 月 15 日清晨，德军开始进攻克林，同时投入 300 多辆坦克进攻加里宁方面的苏军第三十集团军，而第三十集团军在那里只有 56 辆轻型坦克，显然难以抵挡德军的进攻。德军很快突破苏军的防御，几天后便占领了克林。

几乎在同一时间，德军也对沃洛科拉姆斯克地区发动了进攻。为了对付苏军的 150 辆轻型坦克，德军投入 400 辆中型坦克。双方展开了一场力量悬殊的战斗。苏军第十六集团军打得特别顽强，最终还是被迫向后撤到了新的防线。

莫斯科的保卫者宁死不屈，拼命抵抗，迟滞了德军新的攻势，但是希特勒这次下了决一死战的命令，希望早点拿下莫斯科。德军占领了莫斯科西北和北方的克林、索尔涅奇诺戈尔斯克，一步步逼近莫斯科的伏尔加运河，在亚赫罗马地区甚至渡过了运河。在莫斯科西南和正南，德军占领了塔普萨，从三面包围了图拉。

德军显然是要从北面合围莫斯科，局势非常紧张，但是朱可夫在向苏军第三十集团军新任司令员列柳申科交代任务时，依然表现得十分镇静。他说："上个月，敌人在莫扎伊斯克方向遭到失败，现在想偷偷地从北面迂回莫斯科。我们将在这里用防御战摧毁敌人的坦克。预备队一旦到达，我们就可转入反攻。利用丛林地带实施反冲击，特别是夜间，这是敌人最害怕的。"

后来，德军在这一方向投入了很大兵力，但是没有取得什么战果。朱可夫非常欣赏列柳申科将军的顽强精神和出众能力。当苏军从克林撤退时，列柳申科向朱可夫请求部队增援，哪怕一个师也好。朱可夫的回答简短而明确："方面军现在没有预备队，你自己解决。"朱可夫给列柳申科下了一道命令：把集团军司令部移到德米特洛夫城。

列柳申科看了看地图，恍然大悟，原来在他们的正面有个缺口，德米特洛夫城正对着德军坦克楔子的尖端。这位果敢、坚毅的将军不由得对朱可夫的机敏才智表示敬佩，因为他明白：朱可夫之所以决定将集团军司令部设在德米特洛夫，绝非偶然，当时已经准备用一些分队来封闭突破口。

列柳申科在前往德米特洛夫途中，遇到几辆坦克，于是跳上头一辆 KB 坦克，指挥它们投入冲击。集团军司令员不应该驾驶坦克参加战斗，但是没有别的办法，列柳申科的坦克被击毁了，他从急救舱爬出躲到坦克的底部，继续投入战斗。这时几支从莫斯科来的勇敢的志愿兵支队赶到，打退了德军的进攻。在以后几天里，苏军形势变得极其危险。在德军不顾一切动用强大兵力对苏军实施重大杀伤的情况下，苏军兵力更显不足。

11 月 16 日清晨，德军突破苏军第三十集团军的防线，向克林发起进攻，而克林方面的苏军没有预备队来抗击德军。苏军第十六集团军司令员罗科索夫斯基感到德军对克林的压力越来越大。经过一系列频繁作战，罗科索夫斯基的集团军损失惨重，剩下的部队已经精疲力竭。指挥人员和参谋人员累得几乎站不稳了。

为了扭转集团军的不利形势，罗科索夫斯基认为部队必须从伊斯特拉水库以西十几公里的阵地后撤到新的防线。在他看来，伊斯特拉水库、伊斯特拉河以及周围一带地区，共同构成了一条非常有利的天然防线，及时占领这条防线，将能借助为数不多的部队组织起坚固的防线，并能把一些部队配备到集团军的第二梯队，从而建立一个纵深防御地带，同时还能省下一定数量的部队加强克林方向的防御力量。

集团军司令部经过集体商讨后，罗科索夫斯基把他们的设想报告给方面军司令员朱可夫，并请求允许他们后撤到伊斯特拉防线。

朱可夫看了罗科索夫斯基的报告后，非但不同意他们后撤，反而命令他们拼死据守。罗科索夫斯基没有料到他的老朋友朱可夫会拒绝他提出的后撤要求，觉得朱可夫的命令不合理，决定越过朱可夫直接找苏军总参谋长沙波什尼科夫。

罗科索夫斯基直接找到沙波什尼科夫，向他详细说明他和集团军司令部的建议是可行的。几小时后，罗科索夫斯基收到了答复。沙波什尼科夫认为这项建议是正确的，作为总参谋长批准实施这项建议。

得到总参谋长的批准后，罗科索夫斯基立即起草了当天夜间把主力后撤到伊斯特拉水库防线的命令。为了掩护这次后撤，在原来的阵地上只留下几支加强分队，等到掩护任务完成后，他们只有在受到敌军攻击的情况下才能后撤。

针对罗科索夫斯基的越级行为，朱可夫马上发去一封简短的电报：

方面军部队由我指挥，我撤销关于部队后撤到伊斯特拉水库对岸的命令。现在，我命令，在已占领的防线上进行防御，不准后撤，一步也不行。

朱可夫

罗科索夫斯基最终还是服从了朱可夫的指挥。朱可夫当时不准第十六集团军后撤到伊斯特拉河对岸，有其重要原因。第十六集团军是否后撤，不仅要考虑这个集团军本身的利益，还要依据整个方面军的态势来决定。第十六集团军一旦撤过伊斯特拉河，第五集团军的右翼就会暴露给德军，而且方面军司令部所在地佩尔胡什科沃方向将失去保护。出于全局的考虑，朱可夫才做出以上决定。果然不出朱可夫所料，德军开始向第十六集团军左翼施加更大的压力，苏军被迫向东退却。

◎ 战斗进入白热化

寒冷的天气加上补给的不足加剧了德军尽快结束战争的步伐，他们开始疯狂地发动进攻。如此一来，守卫莫斯科的苏军形势便越来越严峻。朱可夫的西方面军司令部灯火通明，发报声、电话声昼夜不断。朱可夫身穿皮大衣，双手捧着冒热气的茶杯，坐在椅子上，一双熬得通红的眼睛死死盯着地图，犹如一位老谋深算的棋手紧盯着棋盘，面部表情异常冷峻。他在思索，下一步棋该如何走。

"德军的进攻依旧是老一套，两翼突破，包抄合围。北面的罗科索夫斯基和南面的扎哈尔金的压力最大，他们能坚持多久？部队伤亡很大，急需人员和装备补充。然而，援兵在哪里？从哪儿能得到补充？"朱可夫的眼睛不由自主地向战线后方标写着几支预备队番号的地方看去。

几天来，朱可夫无数次地把眼睛投向那里，可是那里的番号一天天减少。也就是说，投入战斗的预备队越来越多，却没有什么补充。他多次打电话给总参谋部要求部队增援，总参谋长沙波什尼科夫每次都是痛快地答应，却迟迟不见一兵一卒。

朱可夫心里明白，其他战区同样吃紧，都需要部队增援。大本营手里是有一点预备队，可那直接掌握在最高统帅手里，斯大林不发话，谁也休想调动一兵一卒。所以，还得自己想办法。他的眼睛沿着战线搜寻，希望能从自己的战区再挤出一点可供调用的力量。忽然，他的心怦然一动，死死盯住战线的中央位置，眼睛渐渐地亮起来："博克啊博克，你用两翼包抄的老战法，战争初期在比亚威斯托克突出部对巴甫洛夫使用过，但我已识破你的伎俩：只注意两翼集中力量，猛打猛攻，中央战线却不会积极配合行动。既然这样，那我就来个将计就计，从中间部分抽调一些兵力加强两翼！"

想到这里，朱可夫马上叫副官通知军事委员布尔加宁、参谋长索科洛夫斯基等人前来开会。众人听完朱可夫的想法，觉得太过冒险，不过在没有其他办法的情况下，也只能如此一搏了。

正当大家热烈讨论的时候，副官过来报告说，最高统帅让朱可夫同志接电话。朱可夫一拿起话筒，斯大林便直截了当地问："北边情况怎么样？"

"敌人已经突至伏尔加河运河，很有可能把罗科索夫斯基的部队压到河对岸。如果敌人渡过运河……"

"不惜一切代价守住运河，不能后退一步，用你的预备队给我顶住！"斯大林听到运河受到威胁，便知道情况万分危急，所以不等朱可夫讲完，就急切地说。

"斯大林同志，我们已没有预备队可用了，一点也没有了。按照您的命令，预备队全部投入到沃洛科拉姆斯克地区，至今仍被牵制在那里。"

朱可夫觉得有些失言，就此打住不往下说了，斯大林也没有答话，话筒里一片沉寂。

正当朱可夫一边想着部队的实际情况不得不照直说出，一边又觉得有些失言而懊恼时，只听见斯大林用温和的语气询问："朱可夫同志，你……坚信我们能守住莫斯科吗？我怀着痛苦的心情问你这个问题，作为一名党员，你一定要跟我说实话。"

朱可夫握着话筒的手有点微微发抖，但他很快就平静下来，用坚定的语气说："是的，我坚信我们能守住莫斯科！不过，我至少还需要 2 个集团军和 200 辆坦克。"

听了朱可夫坚定有力的话，斯大林又恢复了平时的语调："你有信心，很好。你和总参谋部联系，商量一下增援部队的问题。它们在 11 月底可以准备好，不过，坦克现在还没有，不能满足你。"

朱可夫放下电话，把最高统帅答应给 2 个集团军的消息告诉了大家，众人听后欢欣鼓舞。和大家商量之后，朱可夫下了一道命令："11 月底前，各部务必坚守阵地，未经方面军司令部许可，不得后撤一步！"

就在朱可夫下达"不得后撤一步"命令的时候，德军中央集团军群总司令博克一直在督促他的部队向前推进。

11 月 19 日，德国陆军总参谋长哈尔德呈送给希特勒一份报告。他在报告中说，由于天气恶劣，补给品供应中断，南方集团军群停滞不前。在 50 万辆卡车中，30% 已损坏且无法修复，另有 40% 需要大修或全面检修，只有 30% 可以使用。中央集群每天至少需要 31 列火车运送补给品才能维持下去，实际上只提供了 16 列火车。报告还依次详尽描述了东线苏联战场各集团军群的情况，一再提到补给品供应中断和兵力不足。

德军第六莱茵兰—威斯特伐利亚师位于第九集团军的左翼，在莫斯科西北方向大约 100 公里处。自苏德战争开始至 11 月 1 日，这个师伤亡大约 3000 人。与其他师一样，寒冷的天气到来时这个师已远离后方约 100 公里。早在 10 月间，补给品的供应就完全中断了，第一线的炮弹消耗殆尽，还搞不到铁丝网，口粮也断绝了。他们设法"就地取食"，大量宰杀苏联的马匹，在将近 6 个星期的时间内部队基本上是吃马肉。各部队都组织自己的"征集队"到处搜寻马匹和粮食。由于缺乏马匹，无法把需要 14 匹马才能拉动的火炮都拉走。他们注意到苏军用拖拉机牵引火炮，即使战争初期损失了大部分野炮，但仍保存了大量的中型和重型火炮，因此装备明显比德军好。

莫斯科东南方的古德里安第二装甲集团军进展明显没有之前迅速。直到 11 月 24 日，他的部队前出至乌兹洛瓦亚和韦涅夫，深感苏军的抵抗顽强有力，而自己的部队极端疲惫。

海因茨·威廉·古德里安

对莫斯科构成直接威胁的是从北面进攻莫斯科的莱因哈特的第三装甲集团军和霍普纳的第四装甲集团军。他们集中兵力企图摧垮沃洛科拉姆斯克地区的防线，把苏军逼过伏尔加河运河，于是发起了疯狂的冲击。苏军每一个防御地段，都在进行着白热化的战斗。

　　负责防守这一地区的第十六集团军司令员罗科索夫斯基这时坐不住了，他带上警卫队，到前线巡视。罗科索夫斯基冒着德军的炮击，来到潘菲洛夫的第三一六师，费了好大劲儿才在一个居民点一间临时搭起的简陋的指挥所里见到潘菲洛夫。他正站在观察孔前，举着望远镜向外看，神情镇静沉着。

　　潘菲洛夫见司令员罗科索夫斯基进来，放下望远镜，行了个礼，慢悠悠地说："报告司令员同志，德军调集了3个坦克师和2个步兵师，以4倍于我军的兵力展开疯狂进攻，不过阵地还在我们手里！"

　　"我看到了，你们师打得非常顽强。为此……"正在这时，一颗炮弹在离指挥所不远的地方爆炸，爆炸声震得指挥所顶篷上扑扑簌簌落下一阵尘土。罗科索夫斯基抬手在脸前挥了挥，潘菲洛夫一动也不动。

　　"苏联最高苏维埃主席团奖给你们师一枚红旗勋章，并将第三一六师命名为近卫第八师。我代表集团军司令部祝贺你们，潘菲洛夫将军！"说完，罗科索夫斯基从上衣口袋里掏出一个精制的小锦盒。打开后，一枚金灿灿的勋章在红色天鹅绒上闪闪发光。

　　红旗勋章是苏联最早设立的勋章，它专门授予直接参加战斗而表现特别英勇的个人和部队。潘菲洛夫接过后不出声地笑了，伸手拿过搪瓷缸，递给站在身边的一名上尉："酒。"上尉从一只军用水壶中倒了小半缸伏特加。潘菲洛夫接过来，把奖章轻轻放入搪瓷缸，微笑着举到罗科索夫斯基面前。

罗科索夫斯基心里明白，按照古代俄罗斯军队的传统，奖章在酒里浸过才更纯洁。他从酒中捏起奖章，放在掌心，再次递给潘菲洛夫。潘菲洛夫把奖章放在唇上，深深吻了一下，接着是一阵"乌拉"声和掌声。这种简单而又庄重的授奖仪式正在进行时，只听"轰"的一声，又一颗炸弹落在指挥所附近，角落里的一根木头应声而落。

"司令员同志，请你马上离开，这里太危险了。"潘菲洛夫声音不大，但是毫无商量的余地。他轻声对身边的那个上尉说："你负责把司令员同志送上汽车。"

罗科索夫斯基看了潘菲洛夫一眼，看到的是一双坚定的眼睛，他知道对这样的军人没有什么不放心的。于是，罗科索夫斯基跟着上尉沿临时挖成的交通壕离开了指挥所。他们走出还不到 100 米，一阵猛烈的炮火打在指挥所周围，腾起一股浓烟，罗科索夫斯基和上尉就地卧倒。等他们抬起头来看指挥所时，顿时目瞪口呆，原来的指挥所已变成一堆废墟。上尉发疯般地往回跑，罗科索夫斯基站起身来跟着上尉跑到废墟前。上尉跪着用双手不停地扒，突然停了下来，然后从头上缓缓地摘下军帽，双手抱在胸前，垂下了头。罗科索夫斯基闭上了双眼，一动不动，如一尊雕塑。

◎ 罗科索夫斯基爆了粗口

11 月 20 日，罗科索夫斯基到莫斯科西北的克林和南面的索尔涅奇诺戈尔斯克方向继续巡视。在通向克林的公路上，他看到慌忙撤退的苏军，不禁勃然大怒。他让司机把车横停在公路上，双手抱肩，叉开两腿站在路中央。撤退的士兵看到前面有个高个子将军挡路，于是放慢了脚步，在离罗科索夫斯基 10 米处站住了，不知如何是好。这时，从后面挤出来一名上校，气喘嘘嘘地报告："将……将军同志，第八十步兵师第一一二七团团长别洛多夫向您报告。敌……敌人已经攻占了克林，正以 4 个坦克师和 2 个步兵师的兵力沿这条公路快速推进。"

"够了！"罗科索夫斯基毫不客气地打断了别洛多夫的话，"敌人在快速推进，你在干什么？快速撤退吗？想和敌人比赛看谁先到莫斯科吗？为什么不组织抵抗？请回答我！"

"将军同志，我们师是经过一番顽强抵抗才撤出克林的。伤亡太大了，全师伤亡 60% 以上，各团只有 60~100 人。我们是为了保护有生力量才……"

"现在要保卫的是莫斯科，莫斯科！懂吗？！我没让你考虑代价！你也用不着自作聪明来保护什么有生力量！知道吗？现在，我们要做的是誓死捍卫首都，捍卫莫斯科！"

"扎哈罗夫将军，"罗科索夫斯基向身后蓄着小胡子的一位将军一抬手，扎哈罗夫急忙上前，"我命令你在此就地组织防御，收留任何一支撤下来的部队及个人，一定要挡住敌人的进攻，至少也要尽一切努力迟滞敌人向前推进的速度，然后可以向季米特洛夫方向转移，随时向我报告情况！"

罗科索夫斯基说完，转身上车，关上车门，又随之打开，伸出头来冲着扎哈罗夫喊了一声："不惜一切代价！"

"是，将军同志！"扎哈罗夫双腿一并，一个立正，大声回答。

罗科索夫斯基沿着公路，转向克林以南的索尔涅奇诺戈尔斯克。没走多远，前面一公里以外，炮声隆隆，烟尘飞腾。罗科索夫斯基跳下车，拿望远镜一看，只见十几辆德军坦克，一字排开直扑过来。射出的炮弹，溅起一束束白色的雪柱，雪柱落下之后，出现的是一个个黑黑的弹坑。

"快，快，开下公路，从那条小河上开过去，绕过对面的小树林。"司机把车头一转，冲下了公路，开到了河面上。河面上的冰看着很厚，可是汽车开上去后，仍然发出一阵吓人的断裂声。两辆警卫车不得不拉开一定距离，跟在后面。

罗科索夫斯基的车刚开上对岸的河床，刚才走过的那条公路上，突然冒出一辆德军坦克，距离之近，不用望远镜就能看清坦克身上的一大块凹陷。这坦克也发现了他们，马上调转炮塔，瞄准尚在河中心的最后一辆警卫车开火。一发炮弹落在警卫车的左前方，把冰面炸了个大窟窿，警卫车一个急刹，总算没掉进去，可是冰面打滑，这辆架着一挺四联机枪的吉普车由于惯性打滑，车身横了过来，把侧面更大的部分裸露在敌人炮口之下。德军坦克趁此机会一个连射，直接击中吉普车，一团火光在车中央一闪，整个车身像被一只巨手用力向下按了一下。在爆炸声中，四联机枪被抛起老高，驾驶室飞出老远，一只轮子沿着冰面迅疾向前翻滚，四名战士被炸得粉碎。

罗科索夫斯基亲眼目睹这一切，两眼通红，大骂一声："浑蛋！"一伸手抄起身边两颗手榴弹，打开车门就要跳下去。身边的副官手疾眼快，一把拉住他的胳膊："不！危险！"又冲着发愣的司机吼道："快开车，冲进小树林！快！"

汽车怪叫一声，箭一般射向小树林。剩下的那辆警卫车，这时已经上岸，也加足马力冲进了树林。罗科索夫斯基的车刚开走，坦克的炮弹就随之落下，在汽车留下的两行车辙之间，留下了一个黑窟窿，前后还不到 10 秒钟时间。

两辆车刚开进树林，就隐隐约约听见树林外面有坦克和装甲车的马达声，而且越来越近。罗科索夫斯基立即命令大家下车，分散隐蔽，准备与德军死拼。正在这个时候，一支漆成绿色的坦克炮筒，慢慢地进入了大家的视野。随着炮筒的移动，一辆 T-34 坦克出现在面前，鲜艳的五星让大家把提到嗓子眼的心又放回到肚子里。接着又是一辆、二辆……罗科索夫斯基一行人见是自己的坦克部队，一声欢呼，冲上前去。坦克群一看从树林跑出几名自己人，其中还有一位将军，赶快停车。最前面的一辆坦克顶盖打开，一名上尉从中探出半个头，举手向罗科索夫斯基行礼："报告将军同志，坦克第二十五旅三营，奉命向克林进发。"

罗科索夫斯基手一挥："克林已被德军占领，你们去不了了，现在我命令消灭河对岸那辆坦克！它刚刚欠下一笔血债！"

"遵命，将军同志。"然后，上尉弯腰拿起对讲话筒，"我命令，成战斗队形散开！"说完，"咣"地盖好舱盖，率队绕过树林，朝河边开去。

德中央集团军群总司令博克元帅得知他的部队已经占领了克林和索尔涅奇诺戈尔斯克后，终于露出了轻松的微笑，以一种按捺不住的喜悦对他的参谋长说："不能给苏联人以喘息的机会，他们在我们强大的'台风'面前已经站不稳了。莫斯科城下的防御，处在危机的边缘，情报已经证实了这一点，他们大多数兵团已经精疲力竭经不起重击了，更重要的是他们的兵源也已经枯竭。到莫斯科大街上散步的日子，马上就到了！"他站在窗前，望着外面纷纷扬扬的雪花，轻声说："莫斯科，莫斯科，当年不可一世的拿破仑没有完成的心愿，130年后，只能由我来替他完成了，我将会成为揭开莫斯科神秘面纱的第一人。"说完，一丝不易察觉的微笑浮现在博克疲惫的脸上。

参谋长接着博克的话说道："是啊，元帅，我看今天的情况与当年的马恩河战役有点类似，谁能最后投入一个营的兵力，谁就能决定战争的结局。您最好再跟元首谈谈，让元首尽一切办法保证我们的后备力量。"

博克没接参谋长的话，而是按了按铃，对应声而来的副官说："接第三和第四坦克集团军的莱因哈特将军和霍普纳将军及第二坦克集团军的古德里安将军，我要分别和他们通话。"

副官退出后，博克走到参谋长面前，说："好吧，就按你刚才说的意思，以我的名义给陆军总参谋长哈尔德发个电报，但愿是我而不是苏联人投入最后一个营……"说完，博克轻轻拍了拍参谋长的肩头。

博克如愿以偿地投入他想要的一个营，开始对莫斯科发动最后的进攻。这是有史以来在一条战线上集中的最强大的坦克部队：在莫斯科正北方向，第四装甲集团军和第三装甲集团军向南推进；在莫斯科正南方向，古德里安的第二坦克集团军从图拉北上；克鲁格庞大的第四集团军居中央，穿过市郊森林向东杀开一条血路。

博克的最大希望就寄托在这场声势浩大的军事部署上，他除要求几个坦克集团军司令勇猛进攻之外，还透露了他准备效仿希特勒在布拉格的做法：坐第一辆坦克冲进莫斯科。因此，博克告诉前线的指挥官，要把部队进展情况不分昼夜地及时报告，以便让他有机会了却夙愿。

强悍的德军装甲部队横冲直闯，频频得手，推进速度虽然不是很快，却在一步步逼近莫斯科。苏军拼了命地抵抗，常常是打到整营、整团不剩一人，枪里的子弹不剩一颗。到了 11 月底，德军终于占领了列宁格勒至莫斯科铁路上的克留科沃车站，切断了列宁格勒与莫斯科的铁路联系。这里距莫斯科的列宁格勒火车站仅 40 公里，几天以后得不到补充的苏军被迫撤退。

11 月 23 日，古德里安去见中央集团军群总司令官博克，要求推迟进攻日期，建议部队转入防御，来年春天再做进攻的打算。理由是部队已经筋疲力尽，没有冬装，补给系统运转不灵，以及缺少坦克和大炮。

11 月 27 日清晨，莫斯科寒风刺骨，在短短的两个小时内气温骤降到了零下 40℃。严寒中的德军官兵领教了挨冻的滋味，成千上万名德军官兵被冻成了残废，没严重冻伤的也没有什么战斗力了。还不止此，德军的坦克在严寒中根本无法启动，机枪和其他自动武器几乎全部失灵，汽油变成一种黏乎乎的怪物，甚至大炮也无法瞄准，步枪被冻油凝固竟然拉不开枪栓。

◎ 令德军恐惧的人墙

正当莫斯科保卫战进入最艰苦的时刻，铁木辛哥元帅指挥的西南方面军于 11 月底发动了罗斯托夫反击战，这是苏军在卫国战争中第一次实施的大规模进攻战役，打得非常悲壮、非常惨烈。罗斯托夫反击战有力牵制了德军南方集团军群的大量兵力，使其不能抽调兵力增援进攻莫斯科的中央集团军群，从而减轻了莫斯科方面苏军的压力，为后来的反击战提供了有力的支持。

罗斯托夫的地理位置非常重要。在广袤无垠的俄罗斯大平原上，流淌着三条大河。三条大河自北向南，并肩曲折蜿转，靠西的是第聂伯河，主要流经乌克兰境内，前面提到的基辅，就坐落在它的边上；最东边的是伏尔加河，是欧洲第一大河，水流湍急，气势磅礴，它串联着一系列苏联名城；位居中间的是顿河，三河相比它最小，名气却不在另外两条河流之下。苏联作家肖洛霍夫的传世之作《静静的顿河》就是以它为名的。顿河自发源地向南流下，然后折向东南，绕了一个大半圆，又急转向西，注入亚速海。罗斯托夫就坐落在邻近入海口的顿河北岸。

战争爆发后，龙德施泰特指挥的南方集团军群一路猛冲猛打，攻城掠地，势如破竹。特别是经过基辅一役，围歼了基尔波诺斯将军指挥的苏联西南方面军大部之后，推进速度更快。到了 11 月中旬，当中央集群对莫斯科发起第二轮冲击的时候，龙德施泰特麾下的第一装甲集团军在其司令官克莱斯特将军指挥下，逼近了罗斯托夫，赖歇瑙指挥的第六集团军紧随其后。

苏军有两个方面军部署在顿河流域。从顿河上游至弯曲部是重新组建的西南方面军，从弯曲部到入海口，是南方面军。协调指挥两个方面军作战的，就是西南方面军司令员铁木辛哥元帅。铁木辛哥于 11 月 8 日请求苏联最高统帅部批准以南方面军实施进攻战役，以歼灭罗斯托夫方面的德军，保卫罗斯托夫，阻止德军突入高加索。最高统帅部很快同意了铁木辛哥的建议，但明确指出，进攻人员和装备必须自己解决。

铁木辛哥马上聚集南方面军领导及各集团军的主要领导到司令部开会。方面军参谋长博金指着墙上的一张大地图报告了敌我双方的兵力及部署。他指着罗斯托夫方向那一片代表双方兵力部署的密密麻麻的红、蓝箭头和数字说："在罗斯托夫以东是哈里托诺夫将军的第九集团军，以北是科尔帕克奇将军的第十二集团军，以南是列梅佐夫的第五十六独立集团军。现在，扑向罗斯托夫的是敌第一装甲集团军，其基本兵力有 3 个坦克师、2 个党卫师和 1 个摩托化师。根据情报分析，敌第一装甲集团军正是把罗斯托夫作为主攻方向，紧随其后的是敌第四十九山地军，而在罗斯托夫以北沿顿河一线还有敌第六、第十七集团军策应。"

从参谋长的介绍中，可以看出德军兵力相当强大，大家默不作声。最后，铁木辛哥站了起来，说道："克莱斯特要来了，我们怎么办？还是能抵抗多久就算多久吗？同志们，我们是不是也该揍揍敌人了，别让他们总是想得到什么就能得到什么，他们也该回头看看回家的路了。"

铁木辛哥元帅在讲话时眼睛直视着坐在对面的南方面军司令员切列维琴科。切列维琴科明白是该自己站出来说话的时候了，于是清了一下嗓子说："铁木辛哥同志，我们已经有了揍敌人的计划，准备对敌人的前突师进行短促打击。"

切列维琴科还没说完，铁木辛哥的大脑袋便使劲儿摇上了："不不不，方面军司令员同志，我说的不是这种不痛不痒的打击，而是那种让敌人感到疼痛的进攻，大规模进攻！而且就在这里——罗斯托夫！"说完，攥起拳头往地图上箭头最密的地方砸下去。

这一下会场可热闹了。大家七嘴八舌地响成一片："是该出出气了，让狗日的法西斯也尝尝挨揍的滋味""可我们集团军的兵力连防御都不够……""该碰的时候就要碰，庞然大物有时候也就是看起来吓人""要是大本营能给我们调来援军……""坦克，我不多要，50 辆足够……"

"克莱斯特很强大没错，"铁木辛哥沉闷的话音响起，会场马上静了下来，"这谁也不否认，但是打仗不能光靠数量，还要靠本事！在主要突击方向，我们可以从其他地段调动部队获得优势，不求伤其十指但求断其一指。而且，参谋长博金同志刚刚告诉我一个重要消息，克莱斯特的几个师经过几场苦战后，减员非常严重，只有正常状态下的百分之七八十的战斗力，这就等于少了一个师的兵力！"

铁木辛哥说到这里，在座的将军们开始面露喜色。

铁木辛哥觉得火候已到，便开始布置作战计划：第五十六集团军把克莱斯特的集团军牵制在罗斯托夫；第三十七集团军隐蔽在第九、第十八集团军接合部，该集团军辖 6 个师、4 个炮兵团、4 个反坦克炮团、3 个坦克旅和 2 个喀秋莎炮营。这样，第九集团军在左，第三十七集团军居中，第十八集团军在右，同时向被牵制在罗斯托夫的克莱斯特集团军的背后发起攻击。铁木辛哥最后强调指出，整个战役应注意三点：隐蔽集结、坚决牵制和迅猛反击。

苏军南方面军经过一系列紧张隐蔽的调动、布置，担任进攻的 3 个集团军先后集结于指定位置待命。担任牵制任务的第五十六集团军在罗斯托夫城内城外加强了防御，并设好陷阱，静待克莱斯特这只恶狼。

对于铁木辛哥一系列的排兵布阵，克莱斯特竟然全无警觉，抑或是觉得不值得警觉。在他眼里，苏军南方面军几个集团军在前一阶段受到重创后，已经不堪一击了。现在他一门心思要拿下罗斯托夫，直接闯入高加索的门户，夺取早就令希特勒垂涎三尺的石油基地。因此，他催促自己的部下日夜兼程，杀气腾腾直奔罗斯托夫而来。

一场恶战，注定要在罗斯托夫城内外爆发了。

德军发疯般地冲向罗斯托夫。在罗斯托夫城北 12 公里处的一个叫大萨雷的村镇，是苏军第五十六集团军第三五三师的防区，德军投入上百辆坦克突击。由于力量悬殊，苏军被压得退向罗斯托夫城里。第五十六集团军司令员列梅佐夫将军把所有的后备队都用上了，目的是死死地缠住德军。

苏军利用克莱斯特的注意力全部集中在正面无暇多顾的机会，第九集团军从东，第三十七集团军从东北，第十八集团军从北，向克莱斯特侧后方发起连番冲击。克莱斯特以为是小股策应部队，并没有在意，一门心思要拿下罗斯托夫。第五十六集团军经过拼命抵抗，没能守住罗斯托夫，部队被迫放弃罗斯托夫，从冰上到达顿河南岸。克莱斯特攻陷罗斯托夫后，深感部队疲惫，开始在城内休整，准备回头收拾他认为只在外围策应的苏军，完全没有想到自己已深陷包围圈。

德军大屠杀后留下的尸体

退出城外的第五十六集团军等待反击命令的先头部队，在掩体内默然肃立，一只只盛满烈酒的搪瓷缸在指挥员和红军战士手中传递着，没有欢笑声，没有说话声，只是偶然听到搪瓷缸或枪械的碰击声。列梅佐夫等人一会儿看看手表，一会儿盯住对岸的敌人，河对岸敌人用来构筑工事的沙袋以及沙袋上架起的机枪看得清清楚楚。

11月27日9点整，两颗信号弹从对岸远处升起。苏军阵地刹那间沸腾起来，随着惊天动地的炮声，一阵阵从千万个喉咙里发出的"乌拉——乌拉——"，以排山倒海之势撞击着每个人的耳膜，与枪炮声融为一体。红军战士们一个接一个跃出掩体，冲下河堤，冲到落了一层雪粒的河面。忽然，对岸的机枪响了，沙袋上闪出一串串橘红色的光芒，"乌拉"声戛然而止，冰面上倒下一排冲锋的战士。有的卧倒射击，有的负伤，边呻吟边蠕动着，还有的往回跑。这时，第二批战士又冲进了掩体，同样杀声动天高喊着冲向对岸，又是一阵弹雨，又是一阵退却。

就在这个时候，从掩体内冲出一人，佩戴少校军衔，迎着退回的战士奔去，边跑边大声喊："同志们！别被敌人吓住！他们已被我们包围了，对面就剩下一个师了！冲啊！冲啊！"说着抓起身边两个战士的胳膊，两臂各挽一人，向前冲去。旁边的战士先是愣了一下，然后一个、两个、十个、几十个人索性把枪往身后一背，你挽住我，我挎着他，结成一堵人墙，向对岸走去。在第一排人墙之后，马上又出现了第二排、第三排、第四排……每排相距十几米。远远望去，如果不是炮声隆隆，硝烟弥漫，弹雨横飞，还以为是在操练，或者在列队接受检阅。

对岸德军的机枪又响了，走在第一排的人倒下了，但他们的手臂还是紧紧地挽在一起，没有一个向后跑的。第二排人墙队形不散，步伐不乱，歌声不断，紧挽着一步步走上前去。机枪仍然吐着火舌，在第一排倒下的地方，第二排又倒下去，平滑的冰面上隆起了两行人岗。然而就在这两行人岗之后，第三排人墙又来了。人墙在一行接一行地走，但是他们倒下去的地方越来越接近对岸。

终于，机枪声减弱了，也许机枪后面的德国兵承受不了这样的刺激，也许他们的子弹打光了。一个德国兵瞪着恐怖的眼睛，把枪一扔，跳起来哇啦哇啦叫着往后跑去。随后，像受到传染，沙袋后面的德国兵纷纷爬出工事，向后转移。前面恐怖的画面对他们刺激太大了，在他们的战斗经历中，还从没见过人会这么不怕死，这还是人吗？他们习惯了一打就散的冲锋，习惯了抱着机枪打一阵歇一阵，而今天的一切令他们震惊，让他们感到前所未有的恐惧。

当晚，德军在罗斯托夫西面的防线被苏军第五十六集团军攻破；城东的第九集团军摧毁了德军的防线；城北的第三十七和第十八集团军正步步逼近，而向它靠拢的德军又被苏军顽强地挡住。这个时候，克莱斯特才完全明白了自己所处的境地，他马上电告中央集团军群司令部和最高统帅部大本营，请求撤出罗斯托夫。克莱斯特没等到答复便急匆匆率部从罗斯托夫向顿河以西的米乌斯河撤去。

罗斯托夫的撤退是希特勒入侵苏联以来的一个转折点，德军头一回遭受如此重大的挫折。古德里安在他的回忆录中说："我们的灾难是从罗斯托夫开始的，那是危机迫近的预兆。"

南方集团军群总司令龙德施泰特元帅命令部队撤退到米乌斯河。这个时候，希特勒突然下了一道命令："原地坚守，不能再撤！"龙德施泰特立即复电："坚守是不可能的。首先，部队无论如何是守不住的。其次，如果再不撤退，会有全军覆没的危险。我请求撤销这项命令，否则请派别人接替我的职务。"希特勒当晚复电："同意所请，望即交出指挥权。"

就这样，龙德施泰特被希特勒罢了官。

◎ 看到了克里姆林宫穹顶

12 月 3 日，德第四装甲集团军冒着严寒终于攻占了红波利亚纳。红波利亚纳，现在的名字叫梅季希，在莫斯科西北郊，距莫斯科仅 27 公里，乘坦克用不了一个小时就能抵达莫斯科。第四装甲集团军司令霍普纳马上把这一消息报告了中央集团军群总司令博克元帅，博克当即驱车赶往那里。

博克的车队开到一座教堂前停下，这座教堂被改为前线指挥部。在一群军官的簇拥下，博克趾高气扬地进入教堂，一边走一边问攻占此地的装甲师师长："怎么样，你的部队士气还好吧？"

"是的，元帅，部队还在战斗，可是……"师长犹豫了一下，欲言又止。

"可是什么？"博克斜了一眼师长，问道。

"苏联人的抵抗越来越顽强，因为他们已无退路。我们的部队虽然仍在战斗，但是已经十分疲惫。加上气温骤降，别说士兵受不了，就是坦克在这种温度下，也受到影响，所以我想……"

"你想停止前进？"博克盯着师长。

"不不不，元帅，这怎么可能呢？！"师长一接触到博克的目光，不禁打了个冷战，连忙改口道，"我们一路拼杀过来，莫斯科就在我们鼻子底下，怎么会放弃进攻呢？噢，元帅，请您登上塔楼，从那里用望远镜能看到克里姆林宫的红色穹顶。"

师长急中生智，分散了博克的注意力。

"是吗？带路。"博克果然满意地回答。

博克等人登上塔楼顶部，莫斯科郊区尽收眼底。白雪皑皑的农田和河面，交叉蜿蜒的铁路，以及一片片树林和掩映在其中的农舍。虽然显不出什么生气，但那种空旷浩大的气势让人感觉到一种巨大的能量，一种可能会突然咆哮起来吞没一切的力量。博克不禁打了个寒战，下意识地拉了拉大衣的皮领把头往里缩了缩。师长递过一架望远镜，博克举到眼前，嘴里低声自语："看到了，看到了，红星、大教堂，总算看到莫斯科了。"

博克的参谋长凑近他的耳边，小声说："元帅，这里局势还未稳定，苏军随时可能反扑过来，还是先回避一下吧。"

博克没动，又看了一会儿，才放下望远镜，边走下楼梯边吩咐道："准备一些200毫米的远程炮，从这里直接炮击莫斯科，让炮弹给我们开路。"

博克钻进汽车，走了。他怎么也没想到，这不仅是他能到达的距离莫斯科最近的地点，而且也是德国军队第一次和最后一次看到克里姆林宫。

就在博克登上塔楼的当夜，斯大林的电话打到了苏军第十六集团军司令部。司令员罗科索夫斯基刚接过话筒，就听斯大林问："你可否知道德国部队出现在红波利亚纳地区？你打算采取什么措施击退他们？请注意，有情报说，德军企图在该地用大口径炮轰击莫斯科！"

罗科索夫斯基心里惊叹斯大林对情报掌握得如此及时，好在这些他也知道，而此刻他正在筹划如何反击，于是从容不迫地答道："斯大林同志，我知道敌人已经出现在红波利亚纳地区。是的，他们是有炮轰莫斯科的企图，但是请您放心，我不会让他们得逞的。我已经增派了兵力，只是，您也知道，这些兵力还太少……"

"必须在明天日落前肃清那里的敌人。我们马上设法给你们加强兵力。祝你成功，再见！"

罗科索夫斯基刚放下电话，西方面军司令员朱可夫的电话就到了，他告诉罗科索夫斯基："兄弟，你发财了，1个炮兵团和4个'喀秋莎'炮营，还有2个步兵营统统归你。不过，你要知道，这些可不是白给的。"

"朱可夫同志，你怎么一下子这么大方了？是不是大本营给我们派来了大量的增援部队？"罗科索夫斯基掩盖不住惊喜的神情。

"过几天你就清楚了。"朱可夫只给罗科索夫斯基一个含糊的回答。

次日，苏军第十六集团军在红波利亚纳地区发起反击。红波利亚纳镇数次易手，苏军与德军在镇外展开坦克战，镇内则进行巷战。战斗持续了一整天，直到天黑，苏军终于把德军逐出红波利亚纳地区。莫斯科周围其他战线的战斗与红波利亚纳地区相仿，打得异常惨烈。

第六章　绝地大反击

斯大林环视了一下在座的每一人，见大家报以赞许的目光，继续说："我们的任务是，不给他们任何喘息的机会，一刻不停地把他们向西驱赶，迫使他们在春季到来前耗尽其预备队。"

◎ 关键时刻离开司令部

1941 年，莫斯科的冬天来得比往年早一些。狂风卷着雪花覆盖了苏联大地，一阵比一阵寒冷的气流袭来，使得每个人连气也透不过来。

在伏尔加河水库以南，疯狂的德国战车突破第三十集团军的防线，迅速向前推进。同时，德军还向索尔涅奇诺戈尔斯克方向发起强攻，从北面合围伊斯特拉水库。在这个方向上的苏军部队实力比较弱，兵员不足，有的摩托化步兵师仅有 300 人，一些坦克师没有坦克。

与此相反，德军投入了 6 个师（3 个坦克师、2 个步兵师和 1 个摩托化师），对苏军发动了猛烈的进攻。德军尽管在向前推进，但也遇到了很多麻烦，被连续的战斗和严酷的寒冬弄得疲惫不堪，前线的德国军官们对未来忧心忡忡。

朱可夫判断德军已经精疲力竭，基本丧失了进攻能力，正在休整。德军停止前进，必然要在莫斯科附近就地设防。为了把德军赶出筑垒地带，需要投入很多兵力。他意识到，在当前情况下，一定要抓紧时间，早日制订在莫斯科城下歼灭德军的计划。

直到 11 月底前，苏联最高统帅部和各方面军特别是西方面军还没有制订出进行一次大规模反攻的计划。朱可夫和方面军其他指挥官在全力以赴地制止德军在莫斯科附近的猛烈进攻。

11 月 29 日，朱可夫给斯大林打电话，汇报情况，要求把苏军第一突击集团军和第十集团军从最高统帅部预备队拨给西方面军指挥并请求最高统帅下令开始反攻。

朱可夫说完后，斯大林问道："你确信德军已到山穷水尽的地步？他们有无再次投入新的重兵集团的可能？"

朱可夫果断地回答："德军已是极度虚弱。如果我们现在不消除德军楔入的危险，德国人将来有可能从其北方集团军群和南方集团军群抽调强大的部队来加强莫斯科地区的兵力，这样对我军来说将会非常不利。"

斯大林听后，说马上跟总参谋部商量，让朱可夫随时等候通知。当天晚上，朱可夫便接到了通知，最高统帅部决定开始实施反攻，并要朱可夫尽快制订反攻作战计划。

11 月 30 日清晨，朱可夫把反攻计划报告给最高统帅部。斯大林对朱可夫的计划未做任何改动，便签字批准。朱可夫原计划在新的集团军到达并在指定地域集中之后，于 12 月 3 日夜间至 4 日凌晨开始发动反攻，以达到钳制当面德军，并阻止其从这里调走部队的目的。作为这次反攻的先决条件，必须阻止莫斯科西北和卡希拉方向上德军的推进。但实际上，由于必须反击德军在纳罗—佛敏斯克附近的突破，这次反攻最后推迟到 12 月 6 日。

严寒并没有降低战斗的激烈程度，前线状况瞬息万变，苏联最高统帅部虽然把保卫莫斯科的重任交给了朱可夫，但是最高统帅斯大林仍时刻关注着战场的变化，有时甚至直接指挥。

11月30日，斯大林不知从什么地方得到情报，说是西方面军放弃了与莫斯科近在咫尺的杰多夫斯克城。斯大林听到消息后，自然坐立不安。近卫第九步兵师不是于11月28日和29日顺利地打退了德军的多次冲击吗，怎么仅仅一夜之间杰多夫斯克就被德国人夺了回去？

斯大林给朱可夫打电话："朱可夫同志，你知道杰多夫斯克被敌人占领了吗？"

"没听说啊，斯大林同志。"

"司令员应当清楚前线发生了什么事情，"斯大林生气地命令朱可夫，"赶快到前线亲自组织反击，重新夺回杰多夫斯克。"

朱可夫对斯大林突如其来的情报和命令感到莫名其妙，试图反驳："在这么关键的时刻，我离开方面军司令部不太合适吧。"

"不要紧，我们会想办法应付，这期间由索科洛夫斯基暂时代替你。"斯大林的口气不容置疑。

跟斯大林通完电话后，朱可夫马上问担任杰多夫斯克地区防御的第十六集团军司令员罗科索夫斯基，为什么方面军司令部对放弃杰多夫斯克的事一点都不知道？经过调查，事情很快就弄清楚了，原来杰多夫斯克城并未被德军占领。斯大林把杰多沃村听成了杰多夫斯克城。

事情既然弄错了，朱可夫决定给斯大林打电话，澄清事实真相。没想到斯大林却大发雷霆，不仅要求朱可夫立刻出发，把这个地方一定从德军手里夺回来，还要求他带上第五集团军司令员戈沃罗夫一同去，以组织炮兵火力支援。

朱可夫明白，在这种情形下反驳和解释已经没有任何意义。为了不再让这种无谓的争论进行下去，朱可夫只好放下手中的工作，同戈沃罗夫、罗科索夫斯基一同驱车来到别洛鲍罗多夫师。别洛鲍罗多夫向朱可夫汇报了德军占领杰多沃村深谷几幢房子的情况。朱可夫当即命令别洛鲍罗多夫派一个步兵连和两辆坦克夺回几幢房子。

在朱可夫离开方面军司令部后，参谋长索科洛夫斯基连续接到斯大林 3 次电话，问朱可夫在什么地方。显然，斯大林已经觉察到自己刚才的行为不太妥当，立即打电话催促朱可夫赶快返回方面军司令部。

进入 12 月，莫斯科白天的气温下降到零下 25℃，德军很多士兵仍然没有冬装。希特勒原以为莫斯科战役会很快结束，然后留下 60 个师，其余部队全部撤回国内。他认为没有必要百分之百地发放冬装，他甚至禁止提起普遍发放冬装的问题，以防引起部队的不安。其实，早在 7 月德军陆军总参谋长哈尔德就提出了冬衣和冬天的膳宿问题，八九月间作了计划并开始供应，但发给部队的冬装只有十分之一。于是，纳粹党便着手在德国老百姓中募集冬衣，结果德国士兵得到的是各式各样的衣服，其中包括妇女的皮大衣。莫斯科夜间的气温下降到零下 40℃，士兵们在室外待 1 小时以后就得回到室内待 1 小时，以便让身体暖和过来，血液恢复流通。

寒冷的天气不仅带来了痛苦，还大大降低了德军的士气。车辆和车轴冻在泥里，无法启动，必须用铁镐把车辆和火炮周围的冻土一点儿一点儿刨开，许多车辆和火炮就是在试图把它们从冻土中拖出来时损坏的。如果不加防寒罩，车辆的发动机就会在行驶过程中冻坏。在卡车和坦克中途停车时，必须在发动机下面生火烘烤以防结冰。由于饮食不周，食用冰冷食物，有些士兵餐后呕吐，有些则得了胃病。部队没有领到伪装用的罩衣，许多部队连内衣和结实一点的靴子都没有。德军士兵至少要两人以上结伴而行，这样可以相互观察对方是否出现了冻伤征候。伤员一旦倒下就会死去，不是由于伤得重，而是由于失血引起休克和冻伤。

◎ 顶撞希特勒

12 月 1 日，德军企图从南、北两翼包围并占领莫斯科的计划受挫后，决心从苏军防线中央正面攻击莫斯科。德军部分部队很快突破 25 公里防线，但是很快又被苏军打了回去。德军损失惨重，很多坦克不是在地雷场被炸毁就是被苏军炮兵的火力摧毁。苏联第一突击集团军发动了多次快速反击，在亚赫罗马地区把德军赶过了伏尔加运河，从而打破了德军在莫斯科南、北两个方向的进攻，使其钳形攻势无法在莫斯科以东形成合围。

12 月 2 日上午，斯大林打电话给朱可夫："你们认为德军的进攻势力还有多强？"朱可夫回答："敌人已经精疲力竭，它没有预备队来加强它的突击集团了。没有预备队，希特勒的军队就无法发动进攻。"

斯大林说："好！我随时会给你打电话。"

1 小时后，斯大林又打来电话，询问方面军今后几天的计划。朱可夫报告说方面军的部队正在准备，以便按照已经批准的计划实施反攻。斯大林告诉朱可夫，已命令加里宁方面军和西南方面军的右翼支持西方面军，计划让这些部队同时发动反击。

尽管德军的进攻屡遭挫折，但是中央集团军群不认为它的进攻已经失败。总司令博克在 12 月 2 日发布的命令中指出："苏军把整团整师部队从其他防御战线调到比较危急的战线，企图借此来缓解危机。仅仅在一个地段发现有少量增援部队到达……苏军的防御处在危机的边缘，所以我们要战斗到最后一个营！"中央集团军群司令部分析，要想突破苏军防线并有新的进展，必须首先除掉位于突出部的著名军火工业城市图拉，然后才能实现其他目标。

12 月 3 日，德军切断了通往莫斯科的铁路和公路，将图拉包围起来。此时，受命承担保卫图拉任务的鲍尔金将军很快接到朱可夫打来的电话："鲍尔金同志，如果我没记错的话，这一回是你们第三次被合围了，这是不是太多了？我已经告诉过你，让你的司令部迁到拉普待沃，你就是不肯执行我的命令……"

"司令员同志，"鲍尔金回答，"如果我的集团军司令部迁走了，古德里安早就把这块地方占领了，形势会要比现在更加糟糕。"

随后的好几分钟，鲍尔金听到话筒里杂音响个不停，最后终于又能继续通话："鲍尔金同志，你正在采取哪些行动？"

鲍尔金说，"第二五八步兵师第九九九团已经采取行动，目的是扫清莫斯科公路，我们正在对卡希拉附近的德军发动进攻。

"需要什么帮助吗？"

"希望您能把格特曼坦克师沿莫斯科公路向南调动，以接应第二五八师。"

"很好，我马上给他们打电话。"朱可夫说完挂断了电话。

苏军步兵第二五八师师长西亚佐夫每隔 1 小时就给朱可夫打个电话，汇报战况。第二五八师阵地上激烈的战斗持续了 17 个小时，终于传来捷报。心情激动的西亚佐夫向朱可夫报告："司令员同志，前方刚打来电话说，我们的部队跟格特曼的坦克部队会师了。图拉—莫斯科公路可以恢复通车了。"

　　3 日傍晚，第二装甲集团军司令古德里安向中央集团军群总司令博克报告，第二装甲集团军的进攻不仅已经被制止，而且还得后撤。随后，博克给德国陆军总司令布劳希奇打电话，请求德军后撤，但是遭到了拒绝。这个时候，德国最高统帅部和陆军总部对进攻莫斯科仍抱有一线希望。

　　12 月 4 日晚，斯大林再次与朱可夫通话，亲切地问道："方面军还需要什么帮助吗？"

　　朱可夫意识到，再要求统帅部大量增援地面部队已经来不及了，现在最重要的是得到最高统帅部预备队和国土防空军司令部的空中支援。为此，他说："我们想迅速扩大反击的战果，所以需要 200 辆坦克。"

　　"目前没有坦克给你们，但是可以给你们提供航空兵。"斯大林说，"我立刻打电话给总参谋部。请注意，12 月 5 日加里宁方面军将转入反攻，12月 6 日西南方面军的右翼战役集群也将从耶列茨地区发起反攻。"

　　12 月 5 日，这一天对于莫斯科来说是具有转折意义的一天。苏军在环绕莫斯科周围 200 公里的半圆形阵地上，顶住了德军的疯狂猛扑，德军所有的进攻被完全制止了。朱可夫询问罗科索夫斯基，夺回红波利亚纳后，"敌人有没有再次组织反扑的迹象和力量？"

　　罗科索夫斯基告诉他目前还看不出来，因为德军白天的进攻一次比一次弱。于是，朱可夫立即拨通了最高统帅的电话，谈了自己的看法："斯大林同志，请把库兹涅佐夫将军的第一突击集团军从后备队调给我指挥，我要用它从亚赫罗马地区实施反击！"

当斯大林问他是否确信德国人已经没有力量再推进时，朱可夫做了肯定的回答。斯大林稍加考虑说："好吧，你很快会接到把第一突击集团军转隶西方面军的命令。记住，给我狠狠地教训德国佬！"

5日晚，哈尔德拿着来自前线的报告，来到希特勒的办公室。德意志帝国元首希特勒正坐在沙发里，一只手支着头，似乎在打瞌睡。哈尔德正想要退出去，希特勒突然开口说："哈尔德将军，请坐吧！我正要找你，前线有什么消息？"

哈尔德简要地讲了博克、古德里安等来自前线的报告，最后慢吞吞地说："现在除了转入防御之外，没有什么摆脱绝境的好办法。"

希特勒听了哈尔德的话，勃然大怒："防御？为什么要转入防御？难道近在咫尺的莫斯科真就拿不下来？你们的战斗意志呢？难道你们是稻草人？"

哈尔德第一次在元首面前失去了控制："我很坚强，我的元首，可是我们的士兵穿着单衣在零下40℃的冰天雪地中挣扎，你了解在风雪交加中挣扎着的人的悲惨处境吗？你了解他们的心情吗？"

希特勒愣住了，盯着哈尔德说："哈尔德将军，你怎么敢在我面前说出这样的话？难道你是在教训我吗？竟敢说我不了解前线的士兵？第一次世界大战时你在哪里？你简直是无法无天！"

哈尔德说完也有些后悔，担心自己被革职。想到这里，他的心凉了半截，悄悄地离开了。

◎ 大反攻面前，希特勒屈服

12月6日清晨，朱可夫命令西方面军首先从莫斯科西北发起反击，接着在莫斯科前沿从北起加里宁南至叶列茨长达1000多公里的战线上，7个集团军加2个骑兵军，共100个师，向德军发起全面反击。这些部队中有新从内地及远东地区调入的，也有长期坚守莫斯科防线的；有新入伍的，也有久经沙场的。这样一支有着步兵、炮兵、坦克兵、骑兵、空军的强大兵力突然出现德军面前，是德军做梦也没有想到的。

朱可夫给西方面军所辖各集团军部队的任务是：库兹涅佐夫指挥的第一突击集团军在德米特洛夫—亚赫罗马地区全部展开，在第三十、第二十集团军配合下向克林方向发动突击，之后向捷里那瓦—斯洛博达的方向推进。第二十集团军从红波利亚纳—白拉斯特地区出发，与第一突击集团军和第十六集团军协同向索尔涅奇诺戈尔斯克方向发动突击，从南面迂回该市，之后向沃洛科拉姆斯克发动突击。另外，第十六集团军右翼向克留科沃发动突击。

第十集团军与第五十集团军协同，向斯大林诺戈尔斯克—博戈罗季茨克方向发动突击，之后继续向乌帕河以南发动进攻。

此次反攻的意图在于完成西方面军两翼攻击的当前任务后，粉粹德中央集团军群的突击集团，彻底解除对莫斯科的直接威胁。

正在战线中部进行防御的西方面军的 4 个集团军，即第五、第三十三、第四十三和第四十九集团军的任务是钳制德军，使其无法调动。苏军这 4 个集团军严重缺员，所以无法执行决定意义的行动。

在苏军大反攻前夕，苏德双方在莫斯科附近的兵力情况是：苏军共有 110 万人、7652 门火炮、774 辆坦克、1000 架飞机；德军共有 170 万人、13500 门火炮、1170 辆坦克、615 架飞机。

从兵力对比来看，虽然德军兵力优于苏军，但是战线拉得太长（1000 公里），两翼突击部队相距 200 公里，兵力太过分散。苏军兵力则比较集中，即使在莫斯科防御战最困难的时刻，仍然严格限制使用预备队，以保存实力，伺机发动反攻。

苏军将士接到反攻的命令后，个个兴奋异常。长达半年的失败、退却的痛苦、对侵略者越积越深的仇恨，此刻转化为一种巨大的能量，推动着他们对疲惫不堪的入侵者发起猛烈的反击。

当德中央集团军群总司令博克反应过来的时候，苏军的反击攻势已经锐不可当。反攻的前 3 天，苏军推进了 30～50 公里，而且攻势毫无减弱的迹象。面对苏军突如其来的反击，德军措手不及，惊慌失措。

反攻的第一天，加里宁方面军突破了德军的阵地，越过结冰的伏尔加河上游后，开始遭遇德军猛烈的抵抗。起初，加里宁方面军的攻势很成功，但是因为时值冬季，道路无法通行，加上兵力不占绝对优势，进攻受阻。在此形势下，西方面军右翼趁机向德军施加了强大压力，准备分隔并合围从克林到索尔涅奇诺戈尔斯克的德军。

伏尔加河

　　12月7日清晨，雾蒙蒙一片，严寒犹如饥饿的狼群舔舐着莫斯科大地。在苏军第十六集团军突击前沿，士兵们正在紧张待命。

　　7时20分，几十门火炮和迫击炮的炮口对准了德军克留科沃阵地。炮手们一动不动地守在大炮旁，等待发起进攻的命令。

7时30分，第十六集团军司令员罗科索夫斯基用电话下达了进攻的命令。信号弹随之腾空而起。隆隆的大炮声震碎了弥天大雾，打破了清晨的沉寂。"喀秋莎"火箭炮发出令人恐怖的吼叫，吐出一道道火光，冲向德军。

经过13分钟的炮击，第十六集团军各部开始向德军发起冲击。第十六集团军的对面是德军最强大的部队，虽然双方力量对比发生了变化，但是第十六集团军在有生力量、火炮和迫击炮方面的优势只超过德军1倍，坦克数量相等。因此，双方打得异常激烈。

克留科沃镇数次易手。战斗从白天持续到黑夜，炮弹纵横交错地在空中组成火网。直到8日下午，克留科沃及其邻近的几个居民点才被解放。德军开始向西逃窜，丢弃了54辆坦克、120辆汽车，还有很多其他武器、弹药和军用器材，甚至还丢下了两门300毫米火炮。显然，这是德军准备用来轰击莫斯科的重武器。

克留科沃大街上挤满了欢迎的民众。许多妇女、小孩和老人顶着寒风伫立在街头欢迎红军。他们衣衫褴褛，由于饥饿和缺乏睡眠而面容憔悴。"红军万岁！红军万岁！""把德国侵略者打回老家去！"的口号响彻大街小巷。

解放克留科沃之后，第十六集团军又开始在伊斯特拉方向全线转入反攻。随着战斗的进展，士气高昂的苏联红军逐渐掌握了主动权。

鉴于前线形势对德军越来越不利，希特勒于12月8日签署了第三十九号作战指令，命令德军暂时转入防御，以待明年天气转暖后重新发起进攻。

元首兼国防军最高司令 元首大本营

国防军统帅部／国防军指挥参谋部／国防处（作战组）1941年12月8日

1941 年第 442090 号绝密文件

仅传达到军官

第 39 号指令

东方战线，严冬突然降临，由此出现了补给困难，迫使我军不得不立即停止所有较大规模的进攻作战，转入防御。

怎么组织这种防御战，取决于我们想通过防御达到什么样的目的：

1. 坚守在作战或国防经济方面对敌人具有重大意义的地区；

2. 国防军在东线作战的兵力一定要获得最大限度的休息及补充；

3. 为 1942 年重新组织较大规模的反攻作战创造前提条件。

我具体命令如下：

一、陆军

1. 东线我军主力应尽快在能节省兵力的、由陆军总司令规定的战线上转入防御，接着在调走装甲师和摩托化师后，开始休整和补充。

2. 凡是没有受到敌人压迫而又要将战线后移的地方，先准备好后方阵地。这种后方阵地比原来的阵地能为部队提供较好的生存条件和防御条件。

把重要的横向交通线让给敌人，可能会危及其他尚不稳固的战线地段。因此，撤离各个地段的时间要视具体情况而定。

3. 战线的走向应有利于部队的配置和防御，同时尽可能简化补给关系。在冰雪融化季节，尤其要注意这一点。

确定斜切阵地和后方阵地的位置，使用所有可搜寻到的劳动力按野战条件尽快构筑这些阵地。

4.主要是防御性作战的范围内，必须完成以下特别任务。

（1）尽快夺取塞瓦斯托波尔，在那里的战斗结束后，再决定第十一集团军主力（不包括保护海岸所需的部队）的下一步行动。

（2）尽管存在各种困难，南方集团军群仍需要努力创造条件，以便在天气较好的情况下在冬季也能实施进攻，占领顿河下游顿涅茨一线，从而为来年对高加索的春季作战创造有利的条件。

（3）在伊尔门湖以北，北方集团军群应缩短其东方战线和东南战线，但是不能丢掉从季赫温通向沃尔霍夫斯特罗伊和科尔特沙纳沃的公路和铁路。这样做是为了创造条件，以便在增援部队抵达后改善拉多加湖以南的紧张局势。唯有如此，才能对列宁格勒构成完全封锁，并与芬兰的卡累利阿集团军建立联系。

（4）若敌军从喀琅施塔得湾以南海岸地带撤走其主力部队，不想在该地进行防守，那么为节省兵力，可以占领那里的海岸。

二、空军

1. 空军的任务：空袭敌军的装备和训练中心，主要是列宁格勒、莫斯科、雷宾斯克、高尔基、沃罗涅日、罗斯托夫、斯大林格勒、克拉斯诺达尔等地区，全力阻止敌军重新得到补充。

需要特别注意的是，持续不断地空袭敌赖以生存和可用来对我方战线地段构成威胁的交通线，这一点非常重要。除了与敌空军作战外，还要使用各种手段从空中支援陆军的地面进攻。

2. 同意向我提出的在集团军群分界线上的兵力部署和计划留在东线的航空兵部队的兵力部署。随着陆军作战行动的结束，一旦情况允许，即可将各部队撤下来进行补充和训练。

3. 为了充分有效地打击敌军可能发动的冬季攻势及组织我军预计的冬季作战（参见第一条第 4 款），一定要拥有地面设施，以便能快速转移兵力及调遣由撤下来的部队组成的增援部队。为此，休整与补充地区尽可能设置在靠近东线的地方。

4. 为能尽早发现和观察敌军变更部署，持续不断地实施覆盖性的远程空中侦察就显得非常重要。这方面，陆军和空军务必根据兵力和任务情况进行密切协调。

5. 从莫斯科战线抽调计划用于南线总司令管辖地区的兵力，须由我批准方可执行。

6. 防空部队掩护我军的宿营地和补给地以及后方重要的交通线。为了应付已经查明的主要突击方向上的敌空中攻击力量，可将歼击航空兵快速调至主要空战方向。

三、海军

务必确保在占领汉科和奥斯穆萨后，可以充分利用通往赫尔辛基的很少受到威胁的海上通道来进行大规模经济运输，为我们在芬兰的部队提供有效的补给。

在我国、盟国及被占领国家建造的用于运输的小型船只的数量，还可以大量增加。为此，可以放弃所有并非绝对必要的要求和安全规定。

四、即便 1942 年人员损失很大，也要保证国防军的人员补充。仅仅1922 年出生的人是不够用的，所以需要采取有力措施，以保证兵源的及时补充。

为此，特规定如下：

1. 前线一旦出现大批减员，可以在国防军内部从本国或从担负特别任务的单位（如驻罗马尼亚的国防军代表团）抽调兵力调增援前线。

这种情况下，可将在本土战区或后勤部门工作的出生较晚的士兵与前线较老的士兵对调。

2. 东线战场和西线战场之间可以这样进行人员交换：以西线的第二和第三线具有充分作战能力的师和装甲师，与疲惫不堪的东线师进行交换。这样做的话，冬季阶段的法国境内的德军就不得不受到暂时的削弱。

被解散的东线师中那些有战斗经验的指挥军官、士官和士兵，可以编入上述西线师。

另外，东线那些不能成建制使用的西线师，是否撤销建制用于补充经受过考验的东线师，在我得到关于陆军改编和分配的整个计划后再作决定。

任何情况下，都要使西线陆军的战斗力能够保障海岸防御和"阿蒂拉"行动的顺利进行。

3. 最大限度地以成批的俘虏和苏联民工逐渐替换免于服兵役的年轻工人。关于这方面的专门规定由国防军统帅部负责制订。

（签字）阿道夫·希特勒

◎ 不甘失败的狂人

12 月 9 日黄昏时分，苏第二十集团军粉碎了德军的顽强抵抗，逼近索尔涅奇诺戈尔斯克，并于 12 日将德军驱逐出该城。

12 月 13 日，德国陆军总司令布劳希奇来到位于斯摩棱斯克的中央集群司令部，他确信部队已无力扼守阵地，坚守将自取灭亡。布劳希奇企图改变希特勒"转入防御，不许后撤"的命令，于是起草了一道密令并下达给前线指挥官，命令他们与苏军脱离接触，后撤 100 公里，组建新的防线。

同一天，苏第三十集团军和第一突击集团军部分兵力逼近克林，从四面包围了该城，继而攻入市内。经过激战，第二天便肃清了克林之敌。

解放克林后，正在苏联访问的英国外交大臣安东尼·艾登来到这里。他返回伦敦后，在谈到访苏印象时深有感触地说："我有幸看到了苏联军队的某些功绩，真正伟大的功绩。"

苏军对克林的进攻，迫使德军开始从邻近地段调兵增援。他们这样做，反而方便了红军向索尔涅奇诺戈尔斯克、红波利亚纳和伊斯特拉的进攻。

一连几天，不祥的消息频频飞往德国陆军总参谋长哈尔德的案头。博克给他打电话时，几天前那种以为攻占莫斯科胜券在握的兴奋神情没有了，半点也没有了，语调变得无可奈何、有气无力："哈尔德将军，不得不告诉你一个坏消息，中路的克鲁格第四集团军进攻失败了，两翼没有跟上去。如果继续打下去，将军，尽管我很不愿意说，但作为军人我不得不说，我们就到了山穷水尽的地步了……"

"元帅，您的部队已经到了莫斯科城下，再加把劲儿，莫斯科城门将会为您洞开。您是知道的，元首正在日夜期盼着您的好消息呢。"哈尔德企图继续为博克打气。

"我又何尝不想，可是，难哪……"此时的博克似乎连说下去的力气都没有了。

"您打算怎么办？"

"也许我们应该转攻为守，准备打防御战。我也知道，最好的防御是坚决的进攻，可是如今的情况是我们根本组织不起有效的进攻。"

"我会把您的意思如实报告给元首。"

哈尔德刚放下电话，第二装甲集团军司令占德里安的报告又送到了他的案头。哈尔德打开一看，越来越丧气。这位以进攻著称的"闪击英雄"在报告中这样写道：

我部从南面攻占莫斯科的努力已被制止。没办法，这里的气温已降到零下30℃以下，坦克几乎成了一堆废铁。苏军对我们侧翼的威胁越来越大，所以可能还得后撤。最后说一句，我个人越来越预感到，我们以前的牺牲和煎熬可能要归于徒劳了。对此，我非常痛心。

古德里安

古德里安的报告尽管写得令人沮丧，却是实情。

傍晚时分，第四装甲集团军参谋长布鲁门特里特打来电话，报告前方进攻失利的情况。哈尔德与之私交不错，所以小声问布鲁门特里特："老兄，说句实话，你感觉怎么样？拿破仑的悲剧真的要在我们身上重演吗？"

布鲁门特里特沉默了一会儿，没有直接谈前线的形势，而是跟好友聊起了足球："你在足球场上肯定见过这样两种局面，我们的 3 个前锋已经带球突入禁区，把对方的后卫甩在身后，面前只有一个守门员了。左前锋射门，球被挡了回来，右前锋补射一脚，又被挡了回来，中锋在离球门很近的情况下，以为天赐良机正要起脚射门，后卫补上，守门员拼了命地凶狠扑救。球门前一阵混战，守门员在最后一秒钟将球收了。一切进攻化为泡影。"

哈尔德明白了好友布鲁门特里特话中的意思，前线局势已经明朗，还有什么好说的呢？是自己的前锋无能还是对方守门员太强，是上帝的旨意还是鬼使神差，谁能说清呢？不过有一点很清楚，"球在对方守门员手里，比赛远未终止，所以前锋只得往回跑"。

哈尔德心事重重地来到陆军总司令布劳希奇的办公室，看到这位德国陆军的最高统帅坐在沙发里，似乎在打瞌睡。哈尔德干咳了一声，布劳希奇抬起沉重的眼皮望了一眼哈尔德，示意他坐下。

哈尔德简单讲了博克、古德里安、布鲁门特里特的报告。布劳希奇默默地听着，静静地点着头。待哈尔德说完，他才开口："是的，他们是对的，现在除了转入防御外，也没有什么办法能够扭转战局。"

说着，布劳希奇吃力地从沙发上站起来，慢慢走到办公桌前，拿起一张纸，递给哈尔德。只见纸上写着："我的心脏病最近一再复发，体力明显不支，看来无法完成元首交给陆军的伟大而艰巨的任务，我决定向元首递交辞呈……"

希特勒听到前线准备后撤转入防御以及布劳希奇请求辞职的消息后，大发雷霆。他两眼闪着冷光盯着站在面前的哈尔德，标志性的小胡子在微微地抖动，足足盯了两分钟，弄得哈尔德浑身不自在。突然，希特勒一拳砸在桌子上，呼地从椅子上站了起来，大喊大叫："愚蠢，愚蠢透顶！莫斯科就在眼前，只要一抬腿就可以跨进它的大门，为什么要停下？为什么？！博克、古德里安、霍普纳、莱因哈特，这些人脑子里都是浆糊，难道你也是吗？几个月来，我们仅仅损失50万人，而苏联人是我们的10倍！现在说什么我们没有了优势，怎么会这样？！他们在撒谎，全是骗子，骗子，优势在我们这边，在我们手里！"

希特勒张开双手，向空中抓了一把，又紧紧地握着拳头，放在脸前晃动着。

因过于激动，额头前用来掩盖秃顶的稀疏的头发散落下来，希特勒随手往上推了推，背着手走了几步突然转身，冲着哈尔德喊："告诉他们，不许撤退，一步也不行！"

哈尔德一句话也没说，赶紧退了出来。

◎ "闪击英雄" 不干了

上帝有时候喜欢捉弄人，尤其是喜欢捉弄那些自以为是的大人物。1812年，拿破仑统帅浩浩荡荡的法兰西大军横扫欧洲，但是在莫斯科城下铩羽而归。上帝无情地戏弄了一把这个不可一世的小个子皇帝。129 年后，童心未泯的上帝再一次照葫芦画瓢戏弄了疯狂的德国小胡子。

此后的几天里，苏军将德军赶出了加里宁、克林和耶列茨。别洛夫将军的部队和弗拉索夫将军的部队在对德军的大规模进攻中，缴获了许多武器和车辆。苏联新闻局宣布，德军包围苏联首都的企图已经失败。苏联报纸刊登了赢得莫斯科保卫战胜利的红军将领们的照片，分别是朱可夫、列柳申科、库兹涅佐夫、罗科索夫斯基、戈沃罗夫、鲍尔金、戈利科夫、别洛夫和弗拉索夫。朱可夫的一张大照片位于中央，周围是其他将领较小的照片。

西方面军右翼的反攻一直在不间断地进行，他们得到方面军航空兵（为加强西方面军的防御，斯大林命令将其飞机增至 1000 架，大大超过德国的中央集群）、国土防空军航空兵和戈洛瓦洛夫将军指挥的远程航空兵的积极支援。航空兵对德军炮兵阵地、装甲部队和指挥所实施了高密度的轰炸。

当苏军发起反攻时，德军不得不在没有足够的冬季装备的条件下被迫进行激烈的战斗，伤亡惨重，防线危机四伏，最后只能撤退。第二装甲集团军司令古德里安在回忆录中写道："这是我平生第一次必须作出这样一种决定（后撤），没有比这再困难的事了……我们对莫斯科的进攻已经失败。我们英勇的部队的一切牺牲和煎熬都已归于徒劳。我们遭到了可悲的失败。"

节节败退的德军

德中央集团军群总司令博克几天前还想着乘坐第一辆坦克冲进莫斯科，现在他只能无奈地说，德军"已到了山穷水尽的地步"，准备将部队撤往库尔斯克—奥廖尔—勒热夫一线作为"冬季阵地"。

12月14日，希特勒的命令下达到中央集团军群司令部及前线各部队，撤销了 13 日布劳希奇的命令。这些反复无常的命令引起了前线德军内部的严重恐慌，他们对高级指挥机构的信心发生了动摇。更可笑的是，工兵在一天之内三次接到命令要他们放好炸药准备炸桥，而又三次接到命令要他们撤出现场。

12 月 16 日到 18 日，别洛夫指挥苏军 2 个哥萨克骑兵师和近卫第一师打垮了德军第十七装甲师和第二十八、第二十九、第三十步兵师，解放了斯大林诺哥尔斯克和韦涅夫。

12 月 16 日晚，古德里安接到希特勒的电话，不准他继续后退，并答应给他加派增援部队。德国陆军总参谋长哈尔德半夜接到指示，连夜向元首汇报情况。希特勒安慰哈尔德："全面退却问题毫无考虑的余地，敌人仅仅在几个地方取得了重大突破。关于修筑后方阵地的主张，完全是无稽之谈。苏军只是在人数上超过了我们，他们的炮兵一点儿不比我们多。苏军士兵的作战能力同我们相比还差很远。

12 月 19 日，希特勒免去布劳希奇陆军总司令的职务，自己兼任了此职，接着又免去了中央集团军群总司令博克的职务，由第四集团军司令克鲁格元帅接任。同时，被解职的还有几十名将军。

12 月 20 日，古德里安飞往东普鲁士，同希特勒讨论前线形势。希特勒冷冰冰地对古德里安说，作为元首，他有权要求德国官兵做出自我牺牲。古德里安回答道，只有在值得做出牺牲的时候才可以要求做出牺牲，并说前线官兵的冬装还没有运到。希特勒一听，立即愤怒地加以否认。等到把陆军军需司令兼军需局局长找来核实后，希特勒才不得不承认古德里安所说的确实是事实。

12 月 25 日，苏军在切尔恩合围了古德里安的第十机械化步兵师。突围后，古德里安命令部队撤至苏萨河—奥卡河一线阵地。黄昏时分，古德里安和刚上任的中央集团军群总司令克鲁格在电话中发生了激烈的争论。克鲁格指责古德里安的报告不正确，在挂电话的时候说："我要把你的情形上报元首。"

古德里安实在是受够了，他立即打电话告诉集团军群总参谋长，说他再也不想干了，并要求立即解除他的职务。随后，古德里安还发出一个正式的辞职电报。克鲁格先行一步，他已经要求德国陆军总部将古德里安免职。

12 月 26 日上午，古德里安接到通知，说他被调回陆军总部，另有任用。不久，第四装甲集团军司令霍普纳也因在战斗中擅自下令部队撤退而被免职。接替古德里安的是第二集团军司令施密特将军。当天，古德里安向他的助手们话别之后，又向他的部队发表了一份简短的告别书，之后回柏林去了。

古德里安离去后，克鲁格与古德里安的旧部发生了一次冲突，是那份简短的告别书所引起的。克鲁格希望不要发表它，因为他担心古德里安批评上级长官。事实上，信中没有半点不敬之词，第二装甲集团军参谋长李本斯坦最终还是让第二装甲集团军官兵们看到了古德里安的告别书。

第二装甲集团军全体官兵们：

今天，元首兼三军最高统帅解除了我的职务。

当我即将离开你们的时候，不禁回想起这 6 个月以来与你们并肩作战的情形，我们是为了国家的荣誉和陆军的胜利而战。我对那些为了祖国而流血捐躯的勇士们更是不胜感念。我由衷地向你们表示极诚恳的谢意。在长期的作战中，你们尽了最大的努力并将精诚团结发挥到极致。我们曾经生死与共，能够帮助你们和保护你们是我最大的快乐。

祝你们前程似锦，征程顺利！

我知道，你们仍然会和过去一样英勇作战，尽管在严寒的冬天和优势的敌军浴血奋战很艰难，但我深信你们一定能够克服所有困难。当你们浴血奋战在寒冷的战场时，我的心永远和你们在一起。

为了德意志而战！

希特勒万岁！

古德里安

◎ 大反攻势在必行

希特勒频繁地换将并没有扭转前线的被动局面，中央集团军群（67 个师又 3 个旅）的防线多处被苏军突破。此时，前线的德军已是极度恐慌，尤其害怕撞上苏军 T-34 型坦克，对于上级司令部下达的那些强调苏军不堪一击的命令和情况报告已表现出不信任和轻蔑的态度。在莫斯科以北，第四装甲集团军第五军的官兵，忍受着零下三四十度的酷寒，一天走 12~25 公里，整整 3 个星期，部队没睡过觉，从来不知道夜里有没有住处，也不知道苏军是不是在前面等着他们。抱怨、沮丧的情绪像瘟疫一样在德军内部蔓延，许多人开始谈论 1812 年的拿破仑和俄国在塔鲁季诺的纪念碑，他们无奈地哀叹："上帝为什么加入了俄罗斯籍？！"

德军在莫斯科附近的损失是巨大的。反攻期间，朱可夫指挥西方面军摧毁和缴获了德军 1000 辆坦克、1434 门火炮和大量其他军事装备。西南方面军的部队缴获或击毁了 81 辆坦克、491 门火炮，还有其他武器。德军阵亡和被俘人数达 30 万。至此，德军对莫斯科的威胁基本解除了。

1942 年 1 月 1 日，莫斯科战线的态势如下：

第一突击集团军、第十六和第二十集团军正在把德军阵线推到拉马河和鲁扎河一线（最高统帅部已把第三十集团军调给加里宁方面军）。

在中部，第五、第三十三、第四十三、第四十九集团军在鲁扎河、纳拉河和奥卡河一线，向莫扎伊斯克、博罗夫斯克、马洛亚罗斯拉维茨和康德罗沃方向发动攻势作战。

在左翼，第十和第五十集团军以及别洛夫的集群正在向尤赫诺夫、莫扎伊斯克和基洛夫（位于莫斯科西南）挺进。

同时，加里宁方面军正向斯塔里察和勒热夫总方向进攻，而重建的布良斯克方面军的部队在西方面军左翼稍后的奥卡河一线作战。

这时，朱可夫左翼的各集团军处于特别有利的地位。他们已深深插入德军防线，有能力组织一次强大的攻势。朱可夫明白，要想取得更大战果，需投入新的部队，而方面军的预备队已经用完，于是要求再拨给一些部队。最高统帅部没有同意，斯大林认为德军没有做好冬季作战的准备，因而想从拉多加湖到黑海的整个战线上尽快发动全面反攻。

1942 年 1 月 5 日晚，朱可夫被召回苏联最高统帅部大本营参加商讨总反攻计划的紧急会议。与会人员包括各方面军的总指挥。

会议室内，斯大林站在高高的拱形窗前，凝视着窗外被凛冽的寒风冲刷干净的天空，转过身来，慢条斯理的语气中难掩内心激动："纳粹德国的军队由于在莫斯科附近的失败而惊慌失措，而且他们过冬的准备很差。现在正是转入总攻的最好时机。敌人企图把我们的进攻拖到春季，以便集中力量积极行动。他们想拖延时间，以获得喘息的机会。"

说到这里，斯大林环视了一下在座的每一人，见大家报之以赞许的目光，继续说："我们的任务是，不给他们任何喘息的机会，一刻不停地把他们向西驱赶，迫使他们在春季到来前耗尽其预备队。"

斯大林有意强调了"春季到来前"几字。停了一下，他解释道："到那时，我们将有新的预备队，而德国人将不会有更多的预备队了。"

斯大林在描述了战争可能的前景后，指指沙波什尼科夫："下面请总参谋长同志介绍各方面军的实际行动和任务。"

沙波什尼科夫站起身来，右手习惯地扶了扶眼镜，开始说道："这次总反攻的计划是向敌中央集团军群实施主要突击。预定粉碎该部敌人的方法是：以西北方面军左翼部队、加里宁方面军和西方面军从两面迂回并围歼勒热夫、维亚济马和斯摩棱斯克地区的敌军主力。进攻路线是：科涅夫的加里宁方面军从加里宁和托尔若克地区向斯摩棱斯克方向发起攻击；朱可夫的西方面军左翼与已紧逼敌第二装甲集团军的由切列维琴科指挥的布良斯克方面军一起，从南面走一条弧线向北推进，即从斯大林诺哥尔斯克到苏希尼契，然后再向维亚济马和斯摩棱斯克推进。整个总攻的意图是：左右两路大军将敌中央集团军群包围在从莫斯科附近到斯摩棱斯克纵深大约 200 公里的口袋中。"

说到这里，沙波什尼科夫稍加停顿，环视了一下会场，见众人都在聚精会神地听着，继续说："最高统帅部要求为配合主攻方向的有效进攻，库罗奇金的西北方面军必须在加里宁方面军的西面实施辅助性的、但更为深远的攻击，牵制并力求歼灭敌北方集团军群；西南方面军和南方面军的任务是粉碎敌南方集团军群，解放顿巴斯；高加索方面军和黑海舰队的任务是解放克里木。"

最后，沙波什尼科夫提高嗓门以肯定的语气说："在最短时期内转入总反攻！"

沙波什尼科夫阐述完总反攻计划后，斯大林环视与会者："还有什么要说的？"

朱可夫意识到实施这样大规模的攻势是不可能的，因为根本不具备进攻所需的兵力。于是，他发表了自己的看法："斯大林同志，我有不同的意见。我认为，在西线条件比较有利，敌人还未来得及恢复部队的战斗力，应当继续进攻。但是，在列宁格勒附近和西南方向的进攻，我认为我们在那里面临的是敌人顽强的防御，没有强大的炮兵是不可能突破德军防线的。我主张加强所有的兵力于西线各方面军，在这里实施更强大的进攻。"

坐在朱可夫一旁的国防委员会委员沃兹涅先斯基说："我同意朱可夫同志的意见，我们现在还不具备足以保障各个方面军同时发动反攻的条件。"

会场出现了片刻的沉寂。对于朱可夫的发言，有点头称是的，有摇头反对的。最后，大家的目光一致投向了最高统帅斯大林。

斯大林轻轻地磕了一下手中的烟斗，不紧不慢地说："关于这个问题，我同铁木辛哥同志商量过，他主张在西南方向上也行动起来，尽快消耗德军有生力量，使之不能在春季发动进攻。"

斯大林扫视了一下全场，问道："还有谁要发言？"

无人发言。

斯大林站起来，坚定地说："冬季大反攻势在必行，局部要服从整体，不管有多大困难，也要咬紧牙关克服它，不达目的誓不罢休！"

◎ 希特勒成了第二个拿破仑

1月7日傍晚，苏军西方面军司令部接到命令：西方面军和加里宁方面军的任务是设法合围莫扎伊斯克—格查斯克—维亚济马地区之敌。

1月8日，莫斯科的气温降到了零下42℃，可怕的严寒不仅摧残着德军士兵的身体，也使其机器停转、武器失灵。就在此时，从列宁格勒城外积雪齐腰的森林到莫斯科以西冰封的大地，从静静的顿河流淌过的乌克兰平原到黑海北岸的克里木岛，苏军在这条纵贯南北的漫长战线上，9个方面军加上波罗的海舰队、黑海舰队，在空军的支援下，以110万之众、7652门火炮、774辆坦克、1000架飞机先后向纳粹德国侵略军及其仆从军发动了全面反攻。总反攻以加里宁方面军（5个集团军加1个骑兵军）组织的瑟乔夫卡—亚济马战役开始。这一战役也是勒热夫—维亚济马进攻战役的一部分。

大反攻的第一日，也就是1月8日，加里宁方面军的第三十九集团军在勒热夫以西突破德军防御阵地，至1月21日挺进了80~90公里，突至德军第九集团军勒热夫集团的后方。到 26 日，方面军第二十二、第二十九集团军在奥列尼诺包围了德军 7 个师。骑兵第十一军从北面突至维亚济马，并切断了维亚济马—斯摩棱斯克公路。德坦克第三集团军、第九集团军在经过顽强抵抗后退至斯摩棱斯克以西地区。

这一天，德国陆军总参谋长哈尔德在日记中写下了这样的话："这是万分危急的一天！""莫斯科西南的苏希尼契的突破，使克鲁格的处境更困难了。"哈尔德要求撤出德军第四集团军，为此和希特勒通了一整天的电话，坚持要求撤退。到了晚上，希特勒不得不勉强同意，不过他命令克鲁格逐步后撤，以保持部队的联络。

1 月 9 日至 2 月 6 日，苏西北方面军左翼 3 个集团军，为配合西方面军和加里宁方面军的进攻，发动了托罗佩茨—霍尔姆进攻战役。1 月 21 日第四突击集团军收复了托罗佩茨。2 月初，德军以预备队 4 个师加强防御，以阻止苏军的反攻。此次战役苏军在维捷布斯克方向推进了 250 公里，从南面迂回包围了德第十六集团军杰米扬斯克集团。

1 月 10 日，苏西方面军以 9 个集团军和 2 个骑兵军发动了勒热夫—维亚济马进攻战役。方面军右翼第一突击集团军，第二十、第十六集团军突破了德军沃洛科拉姆斯克防线，17 日切断了莫斯科—勒热夫铁路。方面军中线部队第五、第三十三集团军发起进攻，于 1 月 20 日收复了莫扎伊斯克；第四十三集团军向尤赫诺夫方向发起进攻。方面军左翼第四十九、第五十集团军、近卫骑兵第一军、第十集团军从北面和南面迂回包抄了由德军第九集团军约 9 个师组成的尤赫诺夫集团。如此一来，苏第三十三集团军和近卫骑兵第一军分别在尤赫诺夫以北、以南突入德军后方，并向维亚济马发起进攻。

为了配合正面部队围歼维亚济马的德军，苏军从 1 月中旬至 2 月中旬先后在维亚济马东南地区空降了第二〇一空降旅、第八空降旅、第四军主力共 1 万多人。2 月 1 日和 2 日，第三十三集团军和近卫骑兵第一军从东南和西南向维亚济马发动进攻。为抵抗苏军的进攻，德军匆忙从西欧调来 12 个师和 2 个旅，于 1 月底至 2 月初对进攻的苏军实施了数次反突击，激战一直持续到 4 月 20 日左右。春季泥泞时期到来后，苏军才转入了防御。

　　1 月底，布良斯克方面军对面的德军第二装甲集团军和第二集团军撤至奥廖尔地区。此时，苏军第十六集团军从莫斯科正面调到布良斯克方向与第六十一集团军协同向南进攻，威胁德军控制的罗斯拉夫尔—布良斯克—奥廖尔铁路。

　　面对苏军强大有力的全面反攻，不论是德军前线部队，还是远在后方的大本营，都惶惶不可终日。尽管希特勒免去了陆军总司令布劳希奇的职务，由他亲自担任此职并下令军队不准撤退，但是战场的决定权已从希特勒手里转到了斯大林手里。希特勒虽能勒令德国军队拼死固守阵地，但是这些昔日不可一世的德国战车仍然阻挡不住苏军猛烈的进攻。

　　2 月 1 日，为更密切地组织西方面军和加里宁方面军的协同动作，苏联最高统帅部重新设立了西部方向司令部，任命朱可夫为司令员，同时他继续兼任西方面军司令员。

　　此时，叶菲列莫夫指挥的第三十三集团军的 3 个加强步兵师已经前进到维亚济马接近地，并投入战斗。第三十三集团军向维亚济马方向展开进攻后，叶菲列莫夫决定在德军调来预备队前攻克维亚济马，这样将会使德军陷入岌岌可危的境地。出于此种考虑，叶菲列莫夫决定亲自带领突击集群迅速而大胆地向维亚济马发起冲击。

2月3日，当叶菲列莫夫的主力部队抵达维亚济马接近地时，德军向乌格拉河附近的突破口发动了突击，将叶菲列莫夫的部队从中切断。德军很快沿乌格拉河一线恢复了防御阵地。第三十三集团军的右翼被阻挡在珊斯基—扎沃德地区，而它的左邻第四十三集团军未能给予增援。很快，第三十三集团军的后方也被德军切断了。

关键时刻，苏联最高统帅部采取了果断行动，派遣空降兵第四军到奥泽列契尼地区，用以加强别洛夫的近卫第一骑兵军，并同加里宁方面军的第十一骑兵军保持协同。然而，因为缺乏运输机，只有第八空降旅2000人空投到指定地区。

2月10日，苏军第八空降旅的2000人在当地游击队配合下，占领了莫尔珊诺沃—迪亚基列沃地区，消灭了德军第五装甲师的司令部，缴获了大量武器装备。

2月28日，德国陆军总参谋长哈尔德在日记中记下了入侵苏联以来德军的伤亡数字，他写道："截至今日，兵员损失共计1005636人，相当于全部兵力的31%，这还不包括匈牙利、罗马尼亚和意大利军队的损失。"

3月底到4月初，苏军西部方向各方面军竭尽全力执行最高统帅部的命令，设法粉碎勒热夫—维亚济马地区德军的突击，但是未能奏效。此时，道路不好和补给品得不到保障增加了部队作战的困难。

4月20日，苏联最高统帅部接受了西部方向总司令朱可夫的建议，下令停止进攻，在大卢基—杰米多夫—别雷伊—杜霍夫施纳—第聂伯河—涅利多沃一线转入防御。

截至 4 月中旬，尽管勒热夫、格查茨克、基洛夫等地仍然控制在德军手里，但是从全部冬季进攻战役中，苏西方面军的部队向前推进了 100~350 公里，这在一定程度上改变了总的战略态势，尤其是让莫斯科获得了一定的喘息时间。

苏联红军在莫斯科保卫战中，共消灭德军 50 万人，摧毁和缴获 1300 辆坦克、2500 门火炮、15000 辆汽车及许多其他技术装备，同时解放了 11000 多个居民点，收复了克林、加里宁、卡卢加等许多城市，赢得了最后的胜利。

希特勒进攻莫斯科的失败，是德军在二战中遇到的第一次失败，这也标志着纳粹德国"闪电战"的破产。德意志帝国的钢铁战车曾经在短短的两个多月里，横扫西欧和北欧 6 个国家，创造了不可战胜的神话，他们的元首希特勒扬言在 6 个星期内将苏联彻底打垮，并且从地球上永远抹掉这个社会主义国家。现在看来，希特勒的这场豪赌注定要失败了，他不仅几个月内办不到，而且永远也办不到。

德国陆军参谋总长哈尔德早在 1941 年 11 月 19 日的日记中就写道：希特勒在德国军队离莫斯科只有十几公里而且正在死命进攻这个城市时，已经放弃了在年内打败苏联的希望，而是在着手第二年的征服计划。这位总参谋长还在日记中记下了他的"元首"新的打算："明年（1942 年）的目标：首先拿下高加索。目的：夺取苏联南方边疆。时间：3~4 月。北路方面，今年战事结束后，进攻沃洛拉格达或高尔基，时间只能在 5 月底。明年还有什么目标，尚待决定。关于将来要建立一面'东壁'的问题也待以后决定。"

莫斯科战役对许多德军指挥官来说是无法忘记的。战役期间担任德第四集团军参谋长的布鲁门特里特在他的回忆录中写道：

德军在二战期间的首次重大失败就是莫斯科会战，它标志着使希特勒和纳粹德国军队曾经在波兰、法国和巴尔干各国赢得辉煌胜利的闪电战术的完结。第一个致命的决定，正是在苏联作出的。从政治上来看，所有决定中最致命的决定是决定首先进攻苏联，因为与我们交战的敌人比我们以前遇到的敌人要强大得多。在广袤的东线战场，我们不可能轻而易举地打胜仗了。

……

我们很多人严重地低估了这个新的敌人。造成这种结果的原因之一是无知，因为我们中有相当一部分人既不了解苏联人民，也不了解苏联军队。我们一些主要的高级军官从来没有在东线战场打过仗。一战期间，这些人一直在西线作战。所以，对于地理条件造成的困难，对于苏联军人的顽强，他们是毫无所知的。

经过莫斯科大会战，德军势力大大削弱。与此相反，苏联红军在莫斯科保卫战中，得到了进一步的发展和壮大，开始为争夺战略主动权而斗争。正如斯大林所说："红军在因德国法西斯主义者背信弃义地进攻而暂时退却之后，夺得了战争中的转折，由积极防御转入有效进攻……由于红军的胜利，卫国战争进入了一个崭新的阶段，即从希特勒手中解放苏联国土的阶段。"